當男人
不MAN了！

消失在科技時代的男子氣概

MAN |DIS|CONNECTED

HOW TECHNOLOGY HAS SABOTAGED WHAT IT MEANS TO BE MALE

菲利普・津巴多 | 妮基塔・庫隆布 著　　丁凡 譯

CONTENTS

第三部份：解決辦法

推薦序 | 失去雄風的數位英雄

國立成功大學創意產業設計研究所副教授、
成大─港中大正向社會科學聯合研究中心執行長
劉世南

　　如果你擔心男生們一直關在房間裡上網會不會出事，那這本書正是解答。作者系統性的科學探討，讓我們看到科技如何瓦解男子氣概。

　　科技的創新經常是推動人類文明的動力。然而，科技作為實踐人類價值以及追求幸福的工具，就必須謙虛地時常反省對人們的服務：我們必須考慮到科技為我們帶來什麼樣的生活。從人類文明的歷史上，常見突破性的科技，革新我們生活的可能，然而也意外的創造了新的問題（例如，Ronald Wright所寫的《失控的進步》）。正如Sherry Turkle所講的：「科技挑戰我們是否能堅持人類的價值，我們需要先想清楚科技是什麼，科技在對我們做些什麼？」。科技與人文必須共同創新與實踐，正如

國際電機電子學會（IEEE）的宗旨：「科技進步是用來服務人性」（advancing technology for humanity）。

數位科技帶來的三大隱憂

當前科技對生活最大的衝擊之一，就是互聯網建構的數位生活。本書就在揭開數位科技所帶來的新威脅：奪走男性的雄風。數位科技以及互聯網環境固然為現代生活創造新可能：我們可以不受距離時間的限制，即時與隨時更新資訊以及互相聯繫。這項科技所創造的生活，不僅改變了人們學習以及使用知識的方式，也改變了人們相處的社會生活。而這本書提出了另外一個衝擊，那就是數位科技所造成的性格改變。

（一）網路讓我們變笨卻更自以為聰明（Google effect）

網路改變了人們獲得與使用知識的方式。資訊時代讓我們可以卸下平凡的心智瑣事，交給「心智的僕人」處理。就如哈佛大學 Daniel M. Wegner 指出網路改變了人類腦部處理資訊的方式：雲端互聯網已經成為我們的主要外接存儲系統，人們也因此認為自己比實際上更為聰明。資訊委外的的解放，卻也使我們的世界充滿了「智慧手機和愚蠢的人」。《網路讓我們變笨？》作者 Nicholas Carr 認為問題在於：「當一個人無法把事實、想法或經驗儲存在長期記憶裡時，他就沒有知識的材料進行心智其它功能。」。儲存長期記憶不但不會讓心智能力停滯下來，而是會提升心智能力，讓我們更容易學習新的想法與技巧。後果是我們越「資訊委外」就越無法保留資訊，結果就是懂得的越少，卻誤以為自己什麼都知道。

（二）社群媒體連結下的孤寂（Facebook effect）

麻省理工學院科技與自我創新中心創辦人Sherry Turkle指出，現行的即時通訊（例如Line, Twitter）片段的簡訊加在一起並無法構成完整的對話，我們需要與人對話以學習進行有建設性的內在對話與獨處。常見人們不斷檢查在社群媒體的連結狀況，正反應現代人無法獨處的焦慮。這種「孤獨的相處」（alone together）的同步多點聯繫，事實上很少真正對話而限制了自省和深刻思考的能力；當急於應付迅速片段的問答，快速轉移注意力，是無法體驗包括同理心和慈悲心的深沉情感，阻礙未來的社交與親密關係。

（三）男子氣概不斷的瓦解（Game & porn effect）

這本書進一步提出的警告，互聯網上滋生的線上遊戲以及色情影片，正在使男子氣概不斷的瓦解。

科技如何瓦解男子氣概：徵狀—成因—對策

本書的結構，分別呈現令人擔憂的現象和問題徵狀，並且根據科學研究與同理訪談，分析其中的可能成因，最後提出潛在問題的解決之道。這種「徵狀—成因—對策」的問題分析邏輯，也正是「設計思考」（design thinking）的創新歷程。而作者Philip Zimbardo分析的方法，亦承繼著他在《路西法效應》（*Lucifer Effect*）書中所主張的系統模式：整體分析個人（individual）的特質（例如害羞、衝動和缺乏責任感）；引發個人行為的物理或社會情況（situation）（例如普遍的父親缺席、容易取得令人興奮的電玩遊戲、免費接觸的網路色情；以及行為底下的權力系

統（system）如何創造、維持或改變這些情況（包括重視女性需要卻沒有重視男性需要的法規所引起的政治和經濟後果、環境造成的生理改變、媒體影響、經濟不景氣造成的失業率、教育系統無法創造刺激的環境以挑戰男孩的好奇心）。

現代年輕男性正淪陷在網路而以各種方式危害自己，本書探索了各種徵狀以及彼此相連的成因，更完整顯露與前述Google effect和Facebook effect構成數位科技帶來的三大隱憂。

（一）徵狀

現在男性不再熱衷教育，學業表現不佳已在全球各地敲起警鐘。並且逐漸離開職場，OECD記錄顯示，全球二十五歲到三十四歲年輕男性的平均失業率已升高到百分之九。此外，男生傾向純粹男性參與的社交場合，一旦離開立刻會感到社交孤立及無聊。過度的遊戲，在二十一歲之前，平均會花一萬小時打電玩，而一般大學生只需要一半的時間就可以得到學士學位了。學生晚上打電玩，白天在學校專注力嚴重不足，「跟不在場是一樣的」。年輕人的肢體活動減少了，變得過度肥胖。過度使用色情影片，例如光是二〇一三年，PornHub每天平均每小時有一百六十八萬人次的點閱，而且是六歲到十四歲兒童最常造訪的第三十五大網站，導致不切實際的性態度，以及色情片上癮。兒童們學到了吃顆藥就能解決問題，成年後反而失去原本沒有服藥時應該有的動力。

（二）成因

（1）現代家庭缺少父親，結果就是我們的男孩，每週花四十四小時坐在電視、電玩和網路螢幕前，而沒有花時間和人生導師或長者相處，指引男孩「通往成年男性的地圖」。缺乏

正向男性角色模範的男孩會開始在別處尋找男性認同感。不幸的，流行數位媒體充斥著扭曲的男性形象。

（2）學校變得無趣，學校老師為了測驗成績教學，而不是刺激學生的好奇心和批判性思考。

（3）環境的改變。壓力、肥胖、過度使用電腦或電玩，也造成精子量過低。現在年輕男性比他們的父親和祖父更缺乏生殖力。

（4）科技的魅力與刺激上癮：許多年輕男性認為網路色情與電玩的世界，比真實人生的日常生活更為刺激。而且，電玩會定期提供虛擬獎勵的操作制約。問題就出在「原本受到內在動機驅使而追求成就的人，可能變得依賴外在獎勵，失去成就人生的內在動機。」。此外，色情影片和電玩隨傳隨到的樂趣、滿足、控制和壓力釋放使得耐心降低，對事物有不切實際的期待，以及社交無能。電玩和色情影片所造成的「興奮上癮」與一般上癮有兩點不同：網路上癮單純只是為了「享受人生樂趣」，不是為了「減少人生痛苦」。隨時尋找新刺激以達到或維持高度興奮。興奮上癮將對生活裡任何牽涉到靜態、重複、需要計劃、延遲滿足、設定長期目標的事務造成負面影響。並且造成心智淺薄化，社交孤立，虛實混淆，扭曲的性態度，以及對大腦長期影響。

（5）認同的矛盾：現代壓力要求我們在人生的各方面一直表現完美，我們告訴年輕男性，他們可以成為任何人，可是事實上並不像這麼回事。我們的文化缺乏教導孩子面對「發現自己不是未來的偉人」的「巨大的失望」。年輕人於是試圖經由網路上模擬人生尋找他的認同，而不是經由真實世界的日常考驗與

苦難。問題是這種「高度的自我形象是不會自動轉化到真實世界」，最後仍將面對無法逃避的現實，引發嚴重的認同危機。

（6）女性的崛起與父權迷思：我們談權利平等，卻不容易談責任平等。女性需要探索和承認自己對男性的偏見、雙重標準和反向的性別歧視。兩性之間缺乏更多的慈悲和合作，合理的責任平等。

（三）對策

作者調查所得理想男性形象是：「誠實地做自己、有信心地做決定、積極追求夢想的時候，最覺得像個男人。男性天生就喜愛冒險探索，喜歡掌握事物。知道有人需要自己，可以給他動力。他們希望得到同儕的尊敬，尤其是別的男人的尊敬。這份尊敬來自他們本身，以及他們做的事情。」現在男性如何重建這些雄風？正如本書第三部份提出解決方法，必須分別在政府，學校，父母，男人，女人，媒體共同行動。

人文與科技的共同創新與實踐

創意與文化是交互演進：科技創新有助於以體現傳統文化在現代生活中，而文化的演進也會帶動科技的創新。然而，更重要的是生活價值的實踐。或許傳統的騎士雄風已走入歷史，然而反省科技如何貢獻人類的價值及社會的發展，重新思考如何創造人們的生活，是人文與科技必須共同創新與實踐。

前言｜**給讀者的話**

　　舊金山灣區科技發達，許多流行在此誕生、茁壯。我們兩個開始寫這本書時，就住在這裡。這本書的誕生並非受到某個單一事件的啟發，而是像綿綿細雨慢慢演變成了猛烈的大雨。我們兩人之一開始剪輯報紙上關於男孩學業表現不佳的文章，並注意到了自己的研究所班上的男學生越來越少。另一人則開始注意到，聚會時，她的男同事寧可圍在電腦和電玩前面，也不和人交談。我們開始思考，為什麼越來越多的年輕男性不想考駕照，也不想搬出父母的房子，為什麼他們寧可對著色情片自慰，也不想和真正的女性交往。我們跳入了兔子洞[1]。

　　與此同時，TED邀請我（在此指菲利普）做一個五分鐘的演講，題目自選。我想要討論我們觀察到的現象。二〇一一年，簡短卻發人深省的演講結束後，我很清楚地指出了，我的主要目的是讓大家覺察到即將發生的災難，甚至產生警覺，採取行動。大家對這個演講的反應很熱烈。妮基塔身為我的助理，對

1　譯註：指《愛麗絲夢遊仙境》書中，愛麗絲跳進樹下的兔子洞，進入了另一個世界。

這個主題已經很熟悉了。她和我一起，將二〇一二年的演講內容加以延伸，寫了一份簡短的TED電子書，叫做《男性的消亡：男孩為何掙扎以及我們能做些什麼》（*The Demise of Guys: Why Boys Are Struggling and What We Can Do About It*）。這本書意在激起關於這個主題的辯論與對話，鼓勵其他人從不同角度研究這些挑戰。

　　《當男人不MAN了！》是《男性的消亡》的延伸書寫，對於這個重要議題——年輕男性以及他們面對的複雜議題與挑戰——討論得更為深入。《當男人不MAN了！》經過重整，分為徵狀、成因和解決之道，讓讀者更容易瞭解和閱讀。

　　我們覺得必須從各種角度觸碰這個議題。本書結合了兩位作者的觀點。妮基塔是一位Y世代（millennial）[2]年輕女性，成長在科技不斷蓬勃改變的時代；菲利普則是年紀較長的男性，生命經驗豐富。書中再加上許多年輕男女的看法，形成獨特的合作觀點。為了挑戰我們的個人觀點，我們研發了詳盡的線上問卷，提出各種問題，碰觸到《男性的消亡》裡的各個議題。我們創造了一份相關問題的問卷，和TED演講放在一起，提出的問題包括：「你會如何改變學校環境，讓年輕男性更能參與？」和「我們要如何以安全、鼓勵社交的方式賦權男性？」

　　很驚人地，僅僅兩個月內，有兩萬人回答了本書一再提到的簡短問卷。大約四分之三（百分之七十六）參與者是男性；一半以上在十八到三十四歲之間。但是，各種年齡層、各種背景的男男女女都分享了他們關於這些議題和子題的思考和感覺。甚且，有幾千位參與者願意補充表達了從一句話到一整頁

2　譯註：指出生於一九八一年至二〇〇〇年的人。

文字的個人意見。我們也另外針對英國全國各地的六十七位高中學生，進行了更簡短的問卷調查，以便更加瞭解他們的擔憂（在本書中，我們將之稱為「學生調查」，以便和更大的調查研究有所分別）。讀過所有的回覆之後，我們追蹤了一些參與者，進行個人訪談，之後將分享他們的意見和經驗。你在本書的附錄一可以找到這個問卷調查的精華。

我們出版這本書，就是要針對這個問題提出解決方法，同時啟發男性，以及愛他們的人，在他們的人生以及他們四周的新世界中，找到自己的聲音，創造出正向的社會改變。

導言 ｜ **順水漂流**

你為什麼坐在這裡，像一個沒有住址的信封？
　　── 馬克・吐溫（Mark Twain），十九世紀美國小說家

　　對每一個人而言，這都是一個嶄新的世界，但是在不斷改變的經濟、社會和科技氛圍中，年輕男性逐漸失落了。不像女性運動，我們沒有一個男性運動提供迫切需要的資訊，讓我們知道社會中男性角色的現況。取而代之的是，我們有破紀錄的諸多年輕男性學業失敗、社交上無法與女孩子匹敵、性生活找不到女人。你無須遠望就可以看到我們在說的是什麼。每個人都認識一個掙扎不已的年輕男性。或許他在學校缺乏學習動機、有情緒困擾、無法和人相處、只有少數真正的朋友、沒有女性朋友，或是在混幫派。他甚至可能在監獄裡。或許他是你的兒子或親戚。或許就是你自己。

　　問他們出了什麼差錯，或是為何他們不像過去的年輕人那麼有動力，都不是正確的問題。年輕人其實是有動力的，只是

並非用別人期待他們的方式。西方社會期待男人是正直、積極的公民，能夠為自己負責任，和別人合作，改善社會和國家。諷刺的是，社會並沒有提供支持、指導、方法或位置，讓這些年輕人有動力或有興趣達成目標。事實上，社會──從政治到媒體、到教室、到自己的家庭──是男性消亡的主要成因，因為社會從一開始就抑制了年輕人的心智、創造力和社交能力。成年男性在社會上扮演權力角色，進一步的激化了這個矛盾。也就是說，成年男性有效地否定了年輕男性茁壯的機會。

每當我們試圖瞭解和解釋複雜的人類行為時，都必須仰賴三個部份的分析：首先，個人（individual）給行為脈絡帶來了什麼──他或她的個性特質；接下來，情況（situation）會讓這個人在某種社會或物質環境中激發出何種行為；最後，底下的權力系統（system）如何創造、維持或改變這些情況。菲利普寫的《路西法效應》（*Lucifer Effect*）書中描述過這種分析，協助解釋了史丹佛監獄實驗（Stanford Prison Experiment）中，獄卒的虐囚行為，也可以解釋美國軍人在伊拉克（Iraq）阿布格萊布（Abu Ghraib）監獄中的虐囚行為。

將此分析應用在瞭解現代年輕男性為何在學業、社會行為和性上面都表現不佳時，我們首先會注意他們的個性，例如害羞、衝動和缺乏責任感。接著，我們考慮情況的元素，例如普遍的父親缺席、容易取得令人興奮的電玩遊戲、免費接觸的網路色情。最後，系統元素又添加了一層複雜度，包括重視女性需要卻沒有重視男性需要的法規所引起的政治和經濟後果、環境造成的生理改變使得睪丸酮素降低而雌激素升高、媒體影響、近來的經濟不景氣造成的失業率、許多國家的教育系統無

法創造刺激的環境以挑戰男孩的好奇心。

　　三方面的攻擊造成許多年輕男性缺乏有目標的方向和基本社交技巧。今日，許多年輕男性都已經二十多歲，甚至三十多歲了，還靠父母供養，往往和父母住在一起，將青春期延伸到了以往應該成家立業的年紀。許多人寧可住在家裡，接受父母庇蔭，也不願意單槍匹馬地進入未知世界。

　　二〇一三年的美國，只有三分之一的Y世代年輕人獨立生活，十八歲到二十四歲且沒有上大學的年輕人[3]有一半都跟父母同住。確實，自從經濟不景氣以來，全球各地年輕人的就業機會都少了，無法展現他們的能力和專業。無論男女，都面臨了機會減少的問題，但是史上第一次，三十歲以下的女性在學業和經濟上表現都比同齡男性更好。年輕男性比年輕女性有百分之二十五的機率更有可能和父母同住。以性別角色期待的角度看，女性在經濟上比男性更善於照顧自己，她們比較不會願意找一個和自己有類似地位的男人，因此，男性面對了新的挑戰。社會對陽剛氣質有霸權式的期待，對於男人而言，除了戰士或養家活口的角色之外，沒有其他社會認可的角色。所有其他可能的新角色都威脅到了傳統的男子氣概，任何擁抱新角色的男性都比較不受同儕尊敬，社交和與異性戀愛的機會也比較少。

　　最常見的例子就是家庭主夫往往被視為失敗者，「好男人」則很難約到女性。一位父親談到紐約時報（*New York Times*）

3　譯註：美國社會裡，多數年輕人不上大學，高中畢業後直接進入職場，並且搬出去自己住，脫離父母、獨立生活被視為常態。

上一篇關於男性育嬰假的文章，說他寧可跟未來的上司說他被關在監獄裡，也不願意承認自己請假在家照顧小孩。全球各地，無數的女性在網路留言，宣稱找不到善良、值得尊敬的男人，但是也有同樣多「善良、值得尊敬」的男性留言，尋求約會建議，因為女人跟他們說，他們顯得太善良、太被動或太渴望了。男性角色的僵局使得年輕男性很難改變，也使得年輕男女之間很難平等相處。

在這個不斷改變、不確定的世界裡，年輕男性面對新的困境，許多人因此選擇在更安全的環境裡孤立自己。在這個環境裡，他們可以控制後果，不用害怕被拒絕，並且因為自己的能幹得到讚美。對許多年輕男性而言，電玩和色情影片就是這個安全的環境。他們越來越擅長電玩，不斷更新自己的技巧，達到很高的成就，贏得其他玩家的尊敬。你不會看到女性做這種事情，她們通常不覺得這種競爭有何意義，也不會因為電玩技巧贏得尊敬。一般而言，網路世界對女性玩家的期待很低。況且，男性也比較容易電玩上癮。俄國研究者米黑爾・博特尼考夫（Mikhail Budnikov）將電玩上癮的傾向分為輕度、中度和重度三種危險性，發現有中度傾向的女性稍稍比男性多一點，重度傾向的男性則是女性的三倍，男性是百分之二十六，女性是百分之八。

我們並不反對電玩，電玩也有很多益處。但是，過度使用時，尤其是造成社交孤立時，電玩可能妨礙年輕人發展面對面社交技巧的能力和興趣。並且，電玩的種類和強度會讓生活其它面向，例如學校，顯得比較無聊，於是學業發生問題，可能促使用藥物控制注意力缺損過動（ADHD）的現象，接著進一步

引起其它問題，形成災難般的負面循環。

　　色情影片更添困擾。對於偶爾看看的觀眾而言，或是已經有了性經驗，可以將看到的內容做對比的人，色情片本身並無問題。但是對缺乏性教育或真實性經驗的年輕男性而言，問題就可能很大了。我們知道，許多人靠著重口味的色情片建構性觀念，而不是靠著真正的人。在我們的研究中，許多年輕男性告訴我們，色情片讓他們對於性行為和親密關係有了「扭曲」或不切實際的觀念，讓他們很難對真正的伴侶感到興奮。對許多人而言，真實生活中的性關係既陌生又讓人焦慮，因為需要溝通技巧，他們需要用身體參與性行為，而且必須和另一個真實的人互動，這個人還會有她自己的性需求和愛情需求。其他年輕男性跟我們說，看了太多色情片使得他們生活的其他方面也受到影響，例如專注力和好情緒。一旦停止對著色情片自慰，他們注意到自己的個人生活和未來前景都變得更正向了。其他專家也注意到了同樣的現象。生理學老師蓋瑞・威爾遜（Gary Wilson）創立了網站 YourBrainOnPorn.com。他的書《色情片與你的腦子：網路色情和上癮科學》（*Your Brain On Porn: Internet Pornography and the Emerging Science of Addiction*）收集了幾百個網路上的自述，這些年輕男性用各種方法試圖戒除網路色情上癮。他們報告說社交焦慮大幅改善——包括自信增加、能與人四目交接、和女性互動感到自在。這些年輕男性經常表示，一旦自願戒除對著網路色情片自慰的習慣之後，生活中感到更有能量、專注力提升、不再憂鬱沮喪、勃起與性反應比之前更強。

　　色情片就像電玩一樣，我們要強調：過度使用才是問題。但是，我們很難界定何謂過度使用。雖然現在有越來越多針對

色情片對成人生理和心理影響的研究，但是大部份研究並沒有對個性或其他外在元素的控制組。對十八歲以下的未成年人也沒有類似的研究，只有偶爾的問卷調查。同時，也很難找到沒有看過網路色情片的未成年人作為控制組。一項蒙特利爾大學（University of Montreal）的研究原本是想比較看色情片和不看色情片的男性之行為差異，結果根本找不到一個二十幾歲還沒看過色情片的男人。

　　何況，大部份健康和心理社群尚未正式將色情片視為上癮的項目。某些社群將色情片上癮包含在最近才被視為正式問題的網路上癮症（Internety addiction disorder）之中。雖然如此，許多年輕人，大部份是男性，已經開始發聲，表示色情片影響他們的動力、專注力、社交能力、性能力、對世界的觀點。他們的證言不應受到忽視。他們的徵狀是真實的，不應被當作僅僅是一個階段或他們的想像而被忽略掉。

　　我們不是說女性就不打電玩或不看色情片，她們確實會打電玩或看色情片。但是她們不會像男性那樣沉迷。看色情片絕對是以男性為主。研究者歐基・歐卡斯（Ogi Ogas）和薩・卡達姆（Sai Gaddam）為了寫《十億個邪惡念頭：世界最大的實驗揭發人類的慾望》（*A Billion Wicked Thoughts: What the World's Largest Experiment Reveals About Human Desire*），篩檢了四億條網路搜尋，發現五千五百萬條（大約百分之十三）是關於色情內容的。誰在搜尋這些資料呢？你猜到了：男人（大部份）。雖然搜尋色情故事的女性比男性多，歐卡斯和卡達姆發現，男性以六比一的比例比女性更喜歡看色情圖片和影片。確實，在很受歡迎的付費網站上，例如Brazzers 和Bang Bros，百分之七五的觀眾都是男性。付費時，

只有百分之二的會員使用女性名字的信用卡。CCBill是一家很受歡迎的成人網站付費服務公司，每次看到女性名字就會留意是否是騙局。

為何有此差異？當然，世上也有許多女性色情片行家，以及喜歡色情文學的男性。歐卡斯和卡達姆探索這個現象，發現男性可以被「或」刺激挑逗，女性卻必須被「和」刺激挑逗。他們解釋說，男人只需要單一的線索就可以被挑逗起來：好看的胸部，或圓滾滾的臀部，或很辣的辣媽；女人則需要多重線索：有吸引力，和對孩子很好，和有自信。雖然女性可以在生理上被任何色情片挑逗起來，但是心理上必須有「和」的因素才會動情。女人本身也必須覺得夠安全、令人無法抗拒，和身體健康。「『或』的力量」協助男性探索發生性行為的機會。女性的模式不同。例如，在有壓力的環境裡，男性的性慾會上升，女性的性慾則會下降。男性腦子將性與愛的神經系統分開，女性則合而為一；女性腦子將精神上和生理上的動情分開，男性則合而為一。男性與女性注意不同的情色線索，用不同的方式處理這些線索，對於這些線索做出不同的回應。

如果你研究一下年輕男性為何沉迷電玩和色情片，你會發現這些元素既是消沉的徵狀，也是成因。因果關係是互相對應的，他可能看了許多的色情片、過度打電玩，發展出社交、性和動力的問題，反之亦然。因此形成社會孤立的循環。我們擔心，當電玩和色情片越來越挑逗、越擬真，現實和虛擬的世界越吻合，年輕人就會變得越自我中心──完全待在自己的網路世界裡。

過度使用電玩或色情片作為出口，都會造成真實生活的問

題。如果同時過度使用電玩和色情片，就形成了致命雙煞，使得當事人益發退縮，不參與日常活動，孤立於社會，無法和任何人產生關係，尤其是女孩和女人。色情片和電玩有上癮的特質，但是和其他的上癮不同。如果是酒精、藥物或賭博上癮，你會一直想要同樣的東西，但是色情片和電玩不同，你會想要同樣的東西……但是有所不同。你需要一些新意，才能感到同樣強度的刺激。使用者會對經常接受的刺激感到習慣了，我們稱之為刺激上癮（arousal addction）。為了達到同樣強度的刺激，你需要新的材料。同樣的影片一看再看，很快就會變得無趣了。關鍵就是新的視覺經驗。這兩個工業都會提供客戶無止盡的新產品，每個人都必須靠自己在這些數位出口和其他活動——尤其是有建設性、有創造力的活動，而不僅是消費活動——之間找到最佳平衡。

消遣是一把雙面刃的刀。我們現在隨時隨地可以取得大量資訊，但是我們很容易迷失在資訊世界中。這些資訊世界號稱自己非常有效率，但不盡然如此。其實只是更讓人分心而已。例如，紐約一家忙碌的餐廳極為納悶，過去十年裡，他們一再增加人手、減少菜單上的項目，但需要服務的顧客人數卻一直未改變。直到當他們檢視二〇〇四年的監視錄影帶，並與二〇一四年同時期的監視錄影帶比較時，才發現答案很明顯。顧客忙著幫食物照相、自拍、請侍者幫他們和朋友拍照，然後請侍者把食物拿回廚房去重新熱過……用餐時間是之前的兩倍。

人類的強項和弱點之一就是會很自然地從一件事物到另一件事物的轉移注意力。我們必須這樣做，才能注意到環境四周發生的事。在網路上，我們幾乎可以隨時掌握一切，益發加

劇了此一現象。「雲端」——經由網路可以接觸的虛擬儲存空間——就像第二個腦子，我們可以在那裡儲存記憶和任務，讓我們可以專注在當下，而不是過去與未來。這是驚人的科技，只要我們有足夠的設備就可以隨身攜帶。缺點就是我們因此更專注於自己，而不注意四周的環境和別人，因為我們不需要記得那麼多細節，他們對於我們立即的需求顯得並不那麼重要。

　　二○○七年，神經心理學家伊恩・羅伯森（Ian Robertson）調查了三千人，發現幾乎每一位五十歲以上的人都可以記起一位親戚的生日，三十歲以下則只有一半的人記得。其他人必須拿出手機尋找。連線雜誌（*Wired*）的一位作者克里夫・湯姆森（Clive Thompson）說，伸手到口袋裡尋找答案的反射動作正代表了問題的癥結。我們把資訊下載到電腦記憶中，自己記得的基本資料越來越少了。想到未來，湯姆森懷疑我們越來越倚賴機器的記憶，是否會破壞了我們瞭解世界的其他方法，最終使得人們沒有電腦時，心智就無法正常運轉。無論他的推論是否正確，我們的思考和記憶確實會越來越仰賴科技與網路，尤其是年紀越來越小的兒童也開始經常使用了。

　　經由思考、反省和想像，書寫和閱讀可以活化我們對生命與大自然的經驗。但是現在已經沒有人用手寫字了，紙本的書籍和雜誌也瀕臨絕種。許多報章雜誌都關門了，或是專注經營網站，以此為主要的通路。這對森林是個好消息。但諷刺的是，現在很少年輕人會去造訪森林了。網路成為我們的忠實伴侶，我們寧可在這裡尋找、處理和分享資訊。一家公司如果沒有專屬網站，就會吃大虧了，會失去讀者群、業務以及廣告生意。西方學校如果固守靜態的、不夠刺激的教材和過時的科

技，也會失去學生的興趣。

二〇一三年美國小兒科學會（American Academy of Pediatrics, AAP）發表了一篇報告，現在的兒童花在媒體上的時間多於上學的時間⁴：「除了睡覺之外，這是兒童和青少年的首要活動。」如果青少年臥房裡有一台電視的話，不平衡就更為嚴重，而大部份的青少年臥房裡都有自己的電視。雖然AAP相信媒體也可以鼓勵社會化，可以鼓勵兒童包容不同種族以及各種人際互動技巧，他們還是建議兒童每天在螢幕前不應超過一兩小時。正如他們指出的，許多年輕人花五到十倍的時間看著螢幕，腦子已經習慣了。

麻省理工學院科技與自我創新中心（MIT Initiative on Technology and Self）創辦者兼文化分析師雪莉‧透克（Sherry Turkel）認為，所有的推特、簡訊以及各種網路溝通加在一起都不如一次長的對話，因為我們經由與人對話學習如何進行有建設性的內在對話。限制了面對面的溝通，就限制了自省和深刻思考的能力。透克觀察到大家已經習慣日子裡少有真正對話，以至於許多人幾乎覺得他們可以一輩子完全不需要和別人有任何直接對話。

當我們腦子的生理結構逐漸適應資訊的迅速迸發，我們就逐漸喪失了理解印刷文字、參與長時間對話所需要的深刻思考的能力。我們越是需要快速轉移注意力，就越無法體驗深沉的情緒，包括同理心和慈悲心。未發展完全的情緒合併了缺乏與人接觸，就能阻礙未來的社交與愛情關係——二者都需要超越膚淺的層次。

4　譯註：媒體包括網路和電視，而且美國學校每天的上學時間比台灣短。

　　過去十年，這個模式已經升級到成人了。許多成年男性像是小男孩似的，無法將女性當作平等的朋友、夥伴、親密愛人或親愛的妻子。有些人寧可找男性為伴，不願意找女性。我們經由問卷發現許多年輕男性對維持長期戀愛關係、婚姻、為人父、當一家之主都沒有興趣——部份因為許多年輕男性成長時，父親缺席或是父親無法提供情緒上的支持。其他人則仍在接受父母庇蔭，或是想要成為「下一個偉大人物」，或是經濟上達到穩定，於是不願意搬出父母的房子。

　　今日，很多有伴侶的年輕男性覺得自己除了現身之外，無需對這個關係進一步付出。有損雄風的新詞彙出現了，例如「男小孩」（man-child）和「男狗狗」（moodle, man-poodle），用來描述情緒不成熟或無法照顧自己的男人。好萊塢也注意到了這群尷尬的男性，人生毫無希望，充滿喜感。最新的電影《好運臨門》（*Knocked Up*）、《賴家王老五》（*Failure to Launch*）、《無厘取鬧》（*Jackass*）系列、《醉後大丈夫》（*The Hangover*）系列和《放風通行證》（*Hall Pass*）裡的男性都是可有可無的人物，活著只為了無厘頭的樂趣，哥倆好總是在計劃著精密卻從不成功的把妹任務。女主角則往往很吸引人，專注而成熟，追求成功的動力主導著她們的人生。認為無須努力就可以擁有成果——歸因於男性本質——違背了基督教的工作倫理，也違背了美國足球教練文斯·隆巴迪（Vince Lombardi）關於勝利的信念：「勝利不是一切，勝利是唯一。」在跟女性的任何關係中，如果你覺得因為你是男性，無須努力便應該有人為你服務，這個關係一定是行不通的，除非對方極度渴望，寧願接受任何男人，即便是失敗的傢伙，也不願意單身。

　　我們指出了這些頹喪趨勢的徵狀和成因，希望大家更瞭解
事情何至於如此，也希望為第三部份的解決之道提供脈絡。

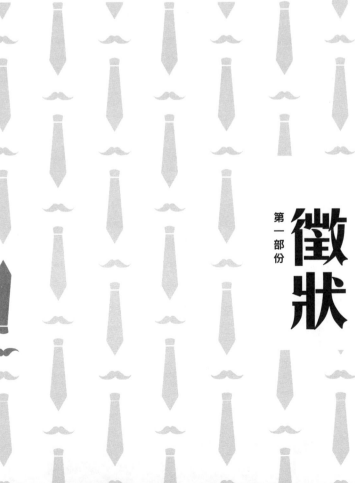

PART ONE
SYMPTOM

第一部份 徵狀

CHAPTER 1 ｜ 不再迷信教育

　　紐約時報（*New York Times*）專欄作家大衛・布魯克斯（David Brooks）寫到，資訊時代解放了我們，因為我們可以卸下平凡的心智瑣事，交給「心智的僕人」處理。未來某一天，布魯克斯的看法可能會實現。資訊委外的能力確實在很多方面解放了我們，但是截至目前，正如語言藝術家蓋瑞・特克（Gary Turk）簡潔有力的說法：也使我們的世界充滿了「智慧手機和愚蠢的人」。《網路讓我們變笨？》（*The Shallows; What the Internet Is Doing to Our Brains*）作者尼古拉斯・卡爾（Nicholas Carr）認為這個概念的問題是：「支持資訊委外概念的人把短期記憶和長期記憶搞混了。當一個人無法把事實、想法或經驗儲存在長期記憶裡時，他就無法『釋出』腦部空間進行其它功能。」卡爾認為儲存長期記憶不會讓心智能力停滯下來，而是會提升心智能力，因為我們未來將更容易學習新的想法與技巧。也就是說，我們認為我們比實際上更為聰明。

　　以文化整體而言，我們正在失去保持專注的能力。我們越

「資訊委外」就越無法保留資訊，結果就是懂得的越少。百分之七十六的美國人說他們每天都觀看、閱讀或聽新聞，只有百分之四十一說他們讀標題之外的文字。所以，大家可能誤以為自己知道。危險就在於大家對任何事物都只知道表面淺薄的資訊，卻誤以為自己什麼都知道。一位退休的英國教授跟我們說，他快退休的時候，注意到雖然學生覺得自己瞭解某些事情，但是當他請學生描述時，學生卻無法說清楚。一個學生甚至拒絕重寫作業，乾脆退選。這種例子不在少數，大量的年輕男性有著「未嘗試就先放棄」的態度。

有些人認為自古以來就有學業不佳的男孩刁難他們的老師。最近一項大型研究分析了三百多項研究結果，包括了五十萬名男生和幾乎六十萬名女生的學業成績，發現數十年來，全球各地女生的各科成績都比男生好。作者認為這項數據並不表示有所謂的「男孩危機」，但是我們不同意。對於賺錢養活自己，好成績越來越重要了——社會更應該讓男孩明白保持學業優良的重要性。男孩以前有更強的動機來競爭、獲得人生各方面的成功——搬出父母的家、得到女朋友或妻子、設立長期目標、追求事業——現在則非常缺乏動機。

美國有史以來第一次，男孩受到的教育比父親少。尤有甚者，學業現在是女孩的天下了。在各個年級，女孩都比男孩表現優秀，從小學到大學皆然。在美國，到了十三、四歲，只有不到四分之一的男孩能夠流利書寫和閱讀。相對而言，百分之四十一的女孩能夠流利書寫，百分之三十四的女孩能夠流利閱讀。二〇一一年，年輕男性的SAT（一種測量學術能力的標準化測驗）成績是四十年來的最低。學校發出的成績單裡面，最

低成績中有百分之七十都是男生。全球各地都看得到類似的成績性別差異。經濟合作與發展組織（Organisation for Economic Co-operation and Development, OECD）發現男孩比女孩更容易留級，成績較差，較難通過畢業考。在某些國家，例如瑞典、意大利、紐西蘭和波蘭，女孩在PISA測驗（一種全球性的技巧和知識測驗）中，閱讀成績比男孩高出許多，基本上領先男生一年到一年半。二〇〇九年，參加PISA測驗的國家中，只有剛剛過半的國家，男孩有在數學一科表現比女孩好，但是差距只有閱讀差距的三分之一。在英國，女孩和男孩在PISA測驗的各科表現較為平等。

美國企業公共政策研究所（American Enterprise Institute for Public Policy Research）的研究員克里斯蒂娜‧霍夫‧索莫斯（Christina Hoff Sommers）在她寫的《針對男孩的戰爭：錯誤的政策在如何正在傷害我們的年輕人》（*The War Against Boys: How Misguided Policies Are Harming Our Young Men*）書中描述了更多的失衡。她說在學生會、榮譽團體和社團裡面，女孩不但比男孩多，女孩也做更多作業、讀更多書、在美術和音樂上比男孩表現更好。與此同時，有更多男孩被退學或留級。簡單地說，女孩學業表現較佳。

二〇〇二年，國家教育統計中心（National Center for Education Statistics, NCES）調查詢問學生多麼經常沒做準備就去學校——沒帶書、紙和筆，或功課——十分之三的男孩和五分之一的女孩回答「經常」或「常常」。很容易猜想到的，成績不佳又沒有準備就上學的學生和成績好而沒有準備就上學的學生比例是二比一。

從二〇〇三年到二〇一一年之間，注意力缺損過動症

（ADHD）的診斷每年升高百分之五。一生當中，曾經被診斷有過動症的男孩是女孩的兩到三倍。因此，醫生較容易為男孩開興奮劑的處方，例如利他能（Ritalin），即使在小學也如此。

不止如此，男孩更容易中輟、休學。NCES注意到了這個趨勢的漣漪效應：

無論收入多少，中輟生到了二十五歲以上，健康比未曾中輟的成年人差⋯⋯在監獄和死刑犯中，中輟生也不成比例的特別多。比較中輟生和高中畢業生，一般中輟生一生的社會經濟成本大約是美金二十四萬元，較低的賦稅⋯⋯較高的犯罪活動以及較多人仰賴社會福利。

從一九九七年開始，到二〇一二年結束的全國青年縱向調查（National Longitudinal Survey of Youth）發現到了二十七歲，三分之一的女性已經拿到學士學位，男性則只有四分之一。根據估計，二〇二一年的美國，百分之五十八的學士、百分之六十二的碩士和百分之五十四的博士都將會是女性。國外也有此趨勢。在加拿大和澳洲，百分之六十的大學畢業生是女性。在英格蘭，每四名女生就有一人申請大學，但只有不到三分之一的男生會申請大學。在威爾斯和蘇格蘭，女孩比男孩多了百分之四十的人申請大學，在弱勢族群中，男女差距還更大。

特殊教育補救教學計劃中，三分之二都是男孩。這個現象無關智商——年輕男性就是不夠努力，結果就是缺少事業機會。在弱勢族群的男性中，性別差距更大：頒給黑人學生的大學學士學位中，只有百分之三十四頒給男性；頒給西裔學生的

大學學士學位中，只有百分之三十九頒給男性。

我們覺得，現在顯然需要在男性學業表現不佳的全球各地敲起警鐘了。除非我們儘快採取激烈的矯正行動，這個現象對他們、他們的家庭、他們的社群，甚至國家的未來，都可能造成災難。

CHAPTER **2** ｜ **男性選擇離開職場**

　　現代年輕男性的基督教工作倫理都去了哪裡？二〇〇〇年到二〇一〇年之間，美國十幾歲青少年工作的百分比下降了百分之四十二，二十歲到二十四歲的年輕人則下降了百分之十七。在英國，十五歲到二十四歲的失業率是百分之二十一，比經濟合作與發展組織（Organisation for Economic Co-operation and Development, OECD）的平均失業率高出幾乎百分之五。二十五歲到三十四歲美國男性的失業率比一九七〇年多出一倍。其他國家，例如意大利、法國、西班牙、瑞典和日本，都發現年輕男性失業率增加了五倍以上。OECD記錄顯示，全球二十五歲到三十四歲年輕男性的平均失業率從一九七〇年的百分之二升高到了二〇一二年的百分之九。這個大幅增加意味著好幾百萬年輕人都沒有工作。

　　全球經濟越來越彼此連結，表示現代景氣與不景氣的循環對各國都產生了越來越廣泛而深入的影響。打從第二次世界大戰以來，二〇〇九年的全球蕭條是最糟糕的經濟蕭條，使得失

業率大幅上升。以個人而言，失業對男性的打擊比女性更大。在美國，從二〇〇八年一月到二〇〇九年六月之間，男性失業率上升一倍。不再強調手工和技術，轉而發展科技的的製造工業——例如汽車工業——使得許多已開發國家不再製造商品，創造出讓許多男性產生不確定感的氛圍。即使高學歷也不再保證會有工作。

自從最近的一次不景氣開始之後，美國裁減了六百五十萬個工作。其中，健康照顧——主要雇用女性——比較不受影響，製造業和營建業——大部份雇用男性——則佔了一半的裁減名額。與此同時，個人照顧和家庭健康護理將會是成長最快的職業，可以預見的，女性將佔據這個領域裡大部份的新職缺。而這些新的機會對聰明的年輕男性而言，卻只是令人沮喪的收穫而已，因為不過是在一代或兩代之前，他們可以擁有的機會有多少啊！

還不止如此——權利的詛咒。雖然西方經濟不景氣使得男性就業率降低，但是一位受過高等教育的女同事提醒我們注意一個新的現象。有些男性覺得，身為男性，天生就擁有權利。他們無須努力，就贏得了這個權利。許多人長期的住在父母家裡，或倚賴婚姻或同居關係。非常多的男性根本不想工作賺錢，甚至不幫忙做家務事，保持家居環境清潔。這些人只要做「他們的事情」，不做任何傳統上的「工作」，整天混日子就滿足了。

這些人裡面，有些人甚至重新定義「依賴」，將之聽起來像是一種成就，而不是失敗。他們覺得自己有權利不工作賺錢，也不做家務事。以某種角度看，他們其實就像以前所謂的

吃軟飯的年輕男人，有吸引力，靠著年紀大的女人照顧，當她的約會對象或性伴侶。只不過，現在這些年輕男人要得更多，卻不願意有任何付出。請看同事分享的幾個小故事：

　　我認識的一位物理治療師嫁給一個男人，他一結婚就辭了工作。她工作外，還要做家務事。她工作了一整天，下了班，在雨中拖著很重的儀器回家。他甚至不願意出來幫她提一下東西。她進了門，他問今天晚上吃什麼，她還得出門去買菜，回來煮晚餐。他整天坐著，什麼也不做。好好的一個人，很帥，但是不工作，也不想工作。結婚四年後，她離婚了。

　　另一位我認識的學者，和一個男人同居。他辭職回去唸研究所。他累積了美金十萬元的債務，卻無法找到穩定的工作。她養著他，雖然他不願意結婚，也不願意協助做任何家務事。

　　女人為什麼願意跟這種男人在一起？他們自己的母親都可能說他們是失敗者。我們在第二十章會進一步深入探索這個問題。這些受過良好教育的女性有另一個令人沮喪的選擇，那就是身邊沒有男人。所以只好守住這個糟糕的男人，直到受不了，才會甩掉這個沒用的傢伙。

　　除了不了解任何關係都需要協商彼此的權利和義務之外，天賦權利的態度也代表了他們沒有「有耕耘才有收獲」的概念。無業的污名仍在，但遠遠不及以往。這些男人沒有責任、相對付出和成功的觀念。有些人根本不在乎。其他人則擺出姿態，好像只是因為自己站在隊伍前面第一個，門一開或派對一

038 | 當男人不 MAN 了

開始,自己就可以任意需索了。

一位年輕人在問卷意見中如此寫道:

我認為天賦權利的觀念可以形塑男人。他們有權利負起責任。完成責任是一種成就,讓世界更信任他足以影響未來。是的,男人可以很強壯,如果他關懷別人。責任──例如溫和、當個紳士、保持禮貌、負起任務、讓人放心、無私──會讓年輕人找到自己……當一個男人的關鍵在於責任。「照顧自己,不要毀了自己,關懷別人,不要毀了別人」的責任。

我們完全同意。但是新的男性權利似乎和以往的觀念不同,而是比較概括性,拓展到更多的範圍和活動,可能破壞任何有意義的社交或愛情關係。這些男人喜歡模仿成功的媒體名人,例如大衛‧貝克漢(David Beckham)、泳將麥可‧菲爾普斯(Michael Phelps)、創業家馬克‧祖克伯(Mark Zuckerberg),這些人似乎擁有一切。但是他們只看到並羨慕成功的結果,沒有真正體會任何成功背後的付出:大量的辛苦工作、嘗試與磨難、練習與失敗。這些都是達成目標的過程。人生甜蜜果實往往來自成功的決心、延遲享樂、先工作後玩樂、瞭解社會契約的重要──不要期待比自己的付出更多的收獲。

CHAPTER **3** | **過度的男性雄風：**
社交強度徵狀
（Social Intensity Syndrome, SIS）

　　許多年輕男性保持社會孤立，花太多時間看色情片、打電玩。在這二者複雜的因果循環中，害羞是一個重要關鍵因素。傳統上，害羞意味著害怕無法被某些社交團體或個人接受，因而受到排斥，例如威權人士，或是害怕被想要討好的人排斥，例如異性。在七〇和八〇年代，我（菲利普）首先用科學方法研究了青少年和成人的害羞，發現有百分之四十的美國人認為自己現在很害羞，或異常的害羞。同樣多的人說自己過去很害羞，但是現在已經克服了害羞的負面影響。百分之十五的人說他們的害羞是所處的狀況引起的，例如和陌生人約會，或是公開表演。只有百分之五的人從來不害羞。

　　過去三十年裡，這個比例不斷提高。二〇〇七年，印第安納東南大學（Indiana University Southeast）害羞研究學院（Shyness

Research Institute）對學生做的調查顯示，百分之八十四的參與者表示曾經害羞，百分之四十三說現在還很害羞，只有百分之一說從來不害羞。現在還很害羞的人之中，三分之二說他們的害羞是個人問題。對社交排斥的深刻恐懼變得更高，部份成因是科技發展的結果。科技發展讓直接面對面的社交接觸降至最低，例如和別人對話、尋找資訊、購物、去銀行辦事、去圖書館借書，以及其他活動。網路可以更快、更精確地提供服務，而不需要任何社交連結。一方面，網路讓極度害羞的人較容易經由非同步性的溝通與人接觸。但是，我們相信此舉使得真實世界的連結益發困難。一位研究者貝納多‧卡爾杜齊（Bernardo Carducci）注意到了：

　　……科技改變影響了人際溝通的本質，我們體驗更多有結構的電子互動，更少自然發生的社交互動。在自然發生的社交互動中，我們有機會發展和練習人際技巧，例如協商、對話、閱讀肢體語言和臉部表情，這些對於交新朋友和建立更親密的關係都是很重要的。

　　新的害羞不再來自想要踏出去，卻害怕自己表現不佳，被人排斥，而是不知道要如何表現，因此不想要社交接觸，繼而因為缺乏練習而進一步的孤立自己。因此，新的害羞持續不斷的被強化、內化，直到和大部份人都失去聯絡，更糟的是當事人根本缺乏自覺。許多害羞的人面對同儕、上級時，或是在不熟悉的情況中時，或是一對一面對異性時，行為會很尷尬或不合宜。

　　除了不斷增加的害羞之外，差別在於今日年輕人的害羞不是因為害怕被排斥，而是基本的社交笨拙——不知何時、何地或如何做什麼。以前，大部份年輕男性都會跳舞。現在的年輕人根本不知道如何尋找共同點，他們在社交場合就像身處異國的觀光客，不知道也不願意問路。許多人不知道如何面對面的接觸，不懂得自在地和別人說話、傾聽，並得到善意回應的非語言和語言規則。遇到喜歡的異性時，缺乏社交技巧的問題尤其嚴重。

　　社交技巧對於處理親密關係極為重要。缺乏重要社交技巧會鼓勵退縮，以避免失敗的策略。女孩和女人代表可能的失敗；安全代表退縮到網路和幻想的世界。在網路裡，只要經常練習，這個世界將變得更熟悉、更能預期，以電玩來講，更能控制。數位版的自我和真實自我越來越不像，某種扭曲的害羞逐漸演化產生了。自我成為遊戲玩家，角色成為觀察者，外在世界縮小到年輕人臥房的大小。如此狀況下，我們可以說害羞是問題的成因，也是過度打電玩、看色情片的結果。一位參與我們調查的年輕人說：

　　我經常打電玩、看色情片……我長得普通，我想到努力討好異性就覺得累。很花錢，令人困惑，而且很少成功。我覺得和我認識的任何女孩或女人經營關係都沒有意義，很容易被男性朋友取代，其它就靠色情片了。

重友輕色：社交強度徵狀

　　電影《窈窕淑女》（*My Fair Lady*）改編自喬治‧蕭伯納
（George Bernard Shaw）的劇本《賣花女》（*Pygmalion*）。其中，
雷克斯‧哈里遜（Rex Harrison）演的男主角剛剛將貧窮的賣花女
成功轉變為極美麗而高貴的女人——由奧黛麗‧赫本（Audrey
Hepburn）飾演。他沒有對她展現任何感情，甚至沒有對她為了
改變自己所做的努力表示什麼，她覺得不開心，並且暗示自己
希望談點戀愛。他粗魯的拒絕了。接著，哈里遜對朋友皮克林
（Pidkering）唱了一首哀嘆的歌：「為什麼女人不能像男人一
樣？」。我們相信，他唱的歌詞代表了很多男人普遍的態度和
價值：比起和女性的關係，他們內心深處寧願要男性的陪伴與
友誼。

　　更現代的例子是一九九九年的愛情喜劇電影《窈窕美眉》
（*She's All That*），也呈現了同樣的態度。這部電影的男女主角是
小弗雷迪‧普林茲（Freddie Prinze, Jr.）和瑞秋‧萊‧寇克（Rachael
Leigh Cook）。普林茲飾演的查克（Zack）有一位女友。這位女
友很出風頭，但是很自我中心，為了一個實境電視節目明星
把查克甩了。查克為了尋求安慰，說服自己，高中裡的任何女
生都可以取代前女友。他的一個朋友不相信，和他打賭，認
為他無法在六個星期內將不出風頭的美術班書呆子女生萊妮
（Laney）——寇克飾演——變成舞會女王。查克試了幾次，追
求萊妮，並且說服她，自己的行為並不是「拯救書呆子計劃」
的一部份。萊妮終於進入了查克的世界，讓他妹妹幫她改裝，
展現出她隱藏不露的美貌。直到她外表改變之後，查克才被她

吸引，並且產生了感情。

菲利普和莎拉‧布朗史基爾（Sarah Brunskill）與安東尼‧費雷拉（Anthony Ferreras）一起合做研究，將這種現象稱之為社交強度徵狀（Social Intensity Syndrome, SIS）。和「小伙子主義」（laddism）[5]類似，這種「過度的男子漢氣概」的關鍵大致是指：強烈傾向純粹男性參與的社交場合。關係本質越是強烈，越是不容許「外人」或尚未符合資格的人參與，成員越是深入參與，這種社交場合就越有吸引力。這種社交團體的例子包括軍隊──尤其是新兵訓練營和前線駐紮──幫派、肢體型的運動（美式足球、橄欖球）、健身迷和兄弟會。當男性覺得自己屬於這種純男性的社交團體時，會感受到正向的刺激──皮質醇、腎上腺素被激發或睪丸酮素提高。男人會逐漸適應這種社交強度，比較喜歡這種社交接觸。

往正向想，這些組織會教導男性如何和其他男性合作。這對社交網絡是很重要的。但是長久下來，他們會習慣了這種社交強度，甚至不自覺的喜歡以此為基準。男性一旦離開社交強度很強的男性團體時，例如參加男女混合的團體，或家族活動，立刻會感到社交孤立，以及緊接著的無聊。男性離開社交強度很強烈的團體時，可能退縮。之前參與純男性團體的時間越長、社交強度越強，徵狀就越嚴重。

遇到重要運動賽事時，這個現象最為嚴重，例如世界杯決賽（World Cup Final）或超級杯星期天（Super Bowl Sunday）。許多男性寧可和陌生人擠在酒吧裡，看著穿著過份臃腫的新英格蘭

5 譯註：指男子氣息十足的信念與行為。

愛國者（New England Patriots）四分衛湯姆・布拉迪（Tom Brady），
也不願意和光溜溜的珍妮佛・洛佩茲（Jennifer Lopez）獨處一室。
很受歡迎的色情網站PornHub最近有一個報告，證明此言不虛。
第四十八屆超級杯（Superbowl XLVIII）正在進行時，網站的流量
忽然大幅降低，尤其是在丹佛和西雅圖兩地。這兩個城市的隊
伍正在爭奪冠亞軍。比賽結束後，美國和加拿大的網站流量明
顯升高，全球其他各地也有小幅的升高。

　　暗自希望自己是最強的男性或是屬於某種「男性團體」，
其實是兩面刃。年輕的異性戀男性不能表現得太親近、太個
人，以免看起來太娘娘腔，或是像同性戀，或是破壞了團體的
凝聚力或士氣。因此，他和其他男性必須維持表面上的交往，
除了擊掌、撞擊胸膛和拍背以外，身體必須保持距離。正如一
位軍人跟我們說的：

　　在戰士社群和戰鬥班級裡，夥伴之間必需保持情緒上的距
離。男人會對其他男人表示關懷，但是有一條線，情緒上不能
跨越。這個默契建立在幾個觀念上。同儕之間，男人是獨立自
主的，除了自己的邏輯之外，不會受到其他人事物影響。男人
赴戰場不是因為有人勸他去，他們去戰場是因為他們認為這是
對的事情。在競爭的氣氛中，男人和同儕的友誼建立在他們帶
給團體何種能力，要記得自己的生命沒有價值，自己的技能才
有價值。表達關懷意味著你在質疑他們的競爭能力，等於是你
已經破壞了團體的動力。同時也意味著你擔心他們的表現，等
於是把他們放在與整個團體對立的狀態。而且，這種行為太像
女人的嘮叨了。

　　具有高度SIS的男性會有何種行為後果呢？我們可以做出有趣的預測。他們一旦離開團體，可能對負面效果做出以下回應：高危險的嗜好或行為、爭吵或打架、飲酒過度、發展奇特或僵化的飲食習慣、賭博、超速駕駛。他們可能對男性與女性發展出不利的比較。他們也可能會花更多時間在有象徵性的男性團體裡，例如在運動酒吧看球賽、參與虛擬的足球或棒球比賽、無法跟女性找到共同點。如果有女性朋友的話，也不會有很多。

　　這群人的唯一溝通方式往往是簡訊。不只方便，也讓他們可以照自己的意思被動地溝通。新的應用程式，例如BroAPP——定時送預錄簡訊給女朋友或夥伴——將此趨勢提高到另一個層次。應用程式的設計者在網站上這麼解釋：「BroAPP是幫助兄弟們的工具。我們知道大家很忙，有時會忘記將足夠的愛送給夥伴。我們發明了BroAPP，即使你忘記寫簡訊，你的愛還是會傳遞出去。BroAPP提供準確無誤的關係委外服務。」如果易奶酪（Easy Cheese）——罐裝氣霧式奶酪——是應用程式的話，可能就像BroAPP，看起來像是真正的物件，但是有一點，呃……不對勁。事實上，是很不對勁。如果你甚至不願意打個簡單的簡訊說「我愛你」或「想念你」，為何還要這個關係呢？

　　對某些人而言，記憶可能扭曲。在之前的男性緊密團體中，正向的事情記得非常清楚，負向的事情卻記不清楚了。

　　有時，軍人面對刺激不足的問題時，會選擇重新參軍，或是在同類經常出沒的地方鬼混，例如榮民醫院的走廊。平民男

性如果是運動迷，則可能成為運動隊伍的瘋狂粉絲。

SIS的特質之一是和家庭與配偶的緊密性不足。這些男人比較可能虐待配偶，尤其是喝了酒之後。他們也比較可能離婚或分居。他們在入伍或成為球隊隊員之前，可能跟配偶的關係良好。他們也比較可能對女性發展出廣泛的負面態度，覺得女性是「他者」，不了解他。他寧可看色情片、嫖妓或接受色情按摩，而不願和地位平等的女性建立兩廂情願的性關係。

矛盾的是，男性只要身處純男性的團體中就可能得到一般性的刺激，卻必須避免流露出親密的感覺，甚至是避免感覺到親密的感覺。當他們和女性有可能形成親密關係時，卻產生相反的反應：他們可能無法得到性刺激，或是產生社交焦慮。

全球各地都有SIS現象。在日本，年輕男性對性越來越無感。即使是夫妻之間的性行為也越來越少。日本家庭計劃協會（Japan Family Planning Associaiton）最近發表調查結果，超過三分之一的十六歲到十九歲年輕男性對性毫無興趣，人數是二〇〇八年的兩倍，而十分之四的夫妻已經超過一個月沒有性生活了。這個現象如此普遍，這些男性有了專門的名詞：草食男。與之相反，仍有性慾的男人則稱為肉食男。

紐約巴德學院（Bard College）一位男生優雅的回應了我們的問卷調查：

我必須承認，我這輩子還沒有真正的戀愛關係。我很外向，擁有一群（男性）好朋友，也有許多其他朋友（包括一些女性），但是對女人一向不太有把握。我覺得我無法真正和女性互動，最後總是把她們當成男性對待，結果就是她們把我當

朋友，卻不會對我有興趣……我寧可和朋友在一起，享受一小群男人在一起放鬆的樂趣。

另一位年輕人讀了《男性的消亡》（*The Demise of Guys*）之後，給我們留言：

你說的就是我，我長大時父親缺席，青春期花很多時間打電玩，對色情片上癮。我十八歲時從軍，成為步兵。步軍有很緊密的兄弟情誼。二〇〇九年到二〇一〇年，我駐紮在阿富汗。現在我已經退伍了。我發現自己很想念兄弟情誼，甚至希望有另一場戰爭，我就可以重新入伍了。我在學校適應困難，很難專注。我在社交上很尷尬、害羞，跟女性交往不太成功。我倒是沒有住在家裡了，我有兩位女性室友，但我還是覺得很孤立、寂寞、沮喪，甚至有時想自殺。我二十二歲，正在試著改變自己的人生。我看得到這些事情對我人生的影響……我覺得身為男性，環境正在改變，我們身處變動之中，舊的規則還是存在。因此，卡在中間的我們就倒霉了。

我們希望他的故事不那麼普遍，但是菲利普和莎拉·布朗史基爾（Sarah Brunskill）面談的許多退伍軍人都有類似的經驗。你可以在附錄一看到測量SIS不同角度的調查。

CHAPTER 4 ｜過度的遊戲：在自己的臥房掌握全宇宙

　　六〇年代後期，如果你想把遊戲螢幕連結到電腦上，你只能在少數幾個地方連結，而且還需要是少數能夠接觸此種科技的人之一。過去五十年，事情有了大幅改變。大家假設，我們如果花更多時間在網路上，就會花比較少的時間看電視，但是統計數據正好相反。歐洲人花在電視前面的時間和以前一樣，美國人現在則每週花六十小時看平均四種數位設備的螢幕：大部份的人擁有高畫質電視、電腦、平板和智慧型手機。這些設備的附加選擇更多了，人們可以選擇如何和何時接觸資訊。美國加州帕羅奧圖（Palo Alto）未來學院（Institute for the Future）遊戲研究與發展部主任珍・麥克高尼高（Jane McGonigal）估計人們每週總共花三十億小時打電玩！她預測年輕人到達二十一歲之前，平均會花一萬小時打電玩。讓大家對這個數字有點概念：一般大學生只需要一半的時間就可以得到學士學位了。

　　確實，有些玩家是女性，電玩公司很清楚這一點。大

家聽過《農場鄉村》（FarmVille）、《怪獸大聯盟》（Moshi Monsters）、《魔獸世界》（World of Warcraft）和《瑪利歐賽車》（Mario Kart）吧？但是，比起年輕男性，年輕女性玩得根本不多──每週僅僅五小時，男性則是十三小時。對於許多年輕男性，每天十三小時也是有可能的。我們接下來會看到例子。

二○一○年，《決勝時刻：黑暗行動》（Call of Duty: Black Ops）問世一個月內，玩家總共玩了六萬八千年。二○一二年《決勝時刻：黑暗行動二》（Call of Duty: Black Ops 2）問世一天之內，賣出五億美元銷售量。二○一三年，《俠盜獵車手五》（Grand Theft Auto 5）──最具爭議性的電玩系列之一──問世，北美有超過八千三百家店午夜開始販售，第一天就達到八億美元銷售量。《俠盜獵車手五》問世三天，銷售就超過了十億美元，比有史以來任何電影都更快，包括任何哈利·波特（Harry Potter）電影以及阿凡達（Avatar）。二○一三年，電玩工業（包括手機和平板上的電玩）的全球總收入高達六百六十億美元，比二○一二年增加了三十億美元。我們可以將這些數字和二○一三年美國教育部（Department of Education）每年的自由裁量撥款六百八十八億美元，或二○一○年美國出版工業總淨銷售額二百七十九億美元相較。《電玩資訊》（Game Informer）月刊內容包括電玩的相關新聞、策略和訪談，是二○一三年美國流通量的第三大雜誌。比《電玩資訊》更為流通的雜誌只有《美國退休人員協會雜誌》（AARP The Magazine）和《美國退休人員協會公告》（AARP Bulletin）。這兩種雜誌都是免費贈閱給年長及退休美國人的。在英國，電玩網站例如抽動電視（Twitch.tv）、IBM全球網路（IGN）、蒸氣動力（Steampowered）和戰鬥（Battle.net）都比

英國廣播電台（BBC）的網路點閱率更高。

伊利諾州（Illinois）十五歲男孩史蒂夫‧朱拉查克（Steve Juraszek）創下遊戲場遊戲《守衛者》（Defender）的世界紀錄之後，立刻成為名人，照片上了時代雜誌（Time）。他不停地玩了十六小時。今日，電玩不但考驗玩家的技巧，也考驗玩家極度專注的體能極限。有些玩家像是喬治‧姚（George Yao），可以連著四十八小時玩《部落戰爭》（Clash of Clans）。姚甚至用透明塑膠布包裹他的平板，帶進淋浴室，以便繼續玩，保持第一名的位置。有許多人（多半是年輕人）會在一個遊戲上，花幾千個小時，並在公開播放的競賽中激烈競爭，為的只是追求一個「電玩事業」。比賽獎金可以超過一百萬美元。馬拉松式的玩法日漸普遍，甚至出現了一個新詞彙，描述玩家連續玩到第三個晚上時，睡眠不足、頭腦昏沉，必須堅持忍耐的狀況：死亡之谷。對於一般玩家，十六小時頂多就是一個典型的週末而已，家長甚至不會眨眼睛。三分之二的兒童和青少年說家長對他們打電玩沒有任何規定，大部份的人關燈之後持續打電玩或使用其它電子產品。在英國，十分之六的家長說孩子比他們更懂網路。

根據洛杉磯加州大學（University of California in Los Angeles, UCLA）睡眠中心（Sleep Center），青少年每晚平均需要九小時睡眠，身體才能得到充分休息，第二天才能精神抖擻。大部份青少年完全睡不夠。二〇一四年，全國睡眠基金會（National Sleep Foundation）所做的美國睡眠調查（Sleep in America Poll）中，家長估計十三歲和十四歲的孩子每晚睡七‧七小時，十五歲到十七歲的孩子每晚只睡七‧一小時。這些估計可能太高，因為孩子

們自己承認過了上床時間之後還不睡。有趣的是，因為缺乏睡眠和過動症有相同的徵狀，二者往往被誤診。有些青少年被誤診為過動症，其實只是有睡眠問題而已。房間裡至少有一種電子設備的孩子每晚會比沒有的孩子少睡一個小時。自從二〇一三年，五歲到十五歲的英國孩子擁有平板的比例已經增加了一倍。

愛爾蘭教師柯林‧津尼（Colin Kinney）觀察到有些學生晚上打電玩，白天在學校專注力嚴重不足，「跟不在場是一樣的」。他說：「我跟一些幼兒園老師聊過，他們都很擔心越來越多的孩子會滑手機，卻缺乏操作技巧，不會玩積木或類似的玩具。有些孩子不會和其他學生互動，家長卻很驕傲地說孩子有能力玩平板或智慧型手機。」我們說的是幼兒園學生——三歲到五歲！

這些問題會持續到青春期之後。《娛樂研究期刊》（*Journal of Leisure Research*）發表的研究顯示三百四十九對只有一位配偶打電玩的夫妻中，百分之八十四都是丈夫在玩。雙方都玩但是其中一人玩得較多的夫妻中，百分之七十三是丈夫玩更多。一九八二年，杜克大學（Duke University）研究者開始追蹤幾位剛剛在結婚前開始沉迷電玩的男性，發現這些男性的電玩時間成長為原來的四倍——一位男性約會時，要未婚妻看自己打電玩，另一位男性為了多玩幾局電玩而延期蜜月——研究者認為婚姻是「沉迷《太空侵略者》（Space Invaders Obsession）的成因和治療。」他們寫到：「入侵的外星人試圖打敗『母國基地』，但是被瓦解了。這有象徵性的意義。」。今日，網路上有「電玩寡婦」的支持團體，玩家的配偶可以彼此分享自己的挫折。

大型多人在線角色扮演遊戲尤其吸引人，玩家可以成為虛擬世界的任何角色。大部份的人除非努力工作、接受良好教育和擁有社會人脈，否則很難在現實世界得到的外貌、接納、財富和地位，在這裡都成為可能的了。一位玩家說：「他們不只更好看，他們成為『更好』的人。」

　　即使遊戲原本設計是要啟發玩家，讓現實世界更好，但是現在已經取代了現實世界，許多年輕男性在越來越精緻的、迷人的虛擬世界迷失了自己。一位有十年經驗的玩家在我們的調查中說，「對於虛擬世界提供的可預期性和控制，我無法強調得再多了。世界越來越複雜，虛擬人生的單純是很受歡迎的娛樂。」

CHAPTER 5 ｜ 變得過度肥胖

今日，大約百分之七十的美國成年男性過重，三分之一則是過度肥胖。雖然有些國家狀況比較好，但是肥胖確實是全球性的問題。二〇〇八年時，澳洲、英國、加拿大、德國、波蘭和西班牙幾乎有四分之一的男性過度肥胖。西雅圖華盛頓大學（University of Washington）健康指標與評估學院（Institute for Health Metrics and Evaluation）主任克里斯多福・莫瑞（Christopher Murray）說：「全球各地的過胖者都在增加之中。」他說他以前很樂觀，覺得會有一些成功案例作為大家的模範，但是發現過去三十年裡，沒有任何一個國家的肥胖比例下降。所以我們面對的是全球的流行病。

美國人抗拒肥胖的宣傳或許是最積極的，但是每次進一步就又後退兩步，破壞了自己的努力成果。份量大得離譜的餐點、家庭餐廳的「吃到飽」自助餐、幾乎每個街口都有速食餐廳的得來速車道、諸多工作久坐不動、交通方式改變、越來越都市化……一起創造出了「肥臀」國家。此外，美國學校每年

販售四千億卡路里的垃圾食物——相當於二十億個巧克力糖果棒。百分之二十一的小學、百分之六十二的國中、百分之八十六的高中有販賣機,卻只有百分之二十的國中和百分之九的高中販賣健康點心。英國政府在取締學校販賣不健康的食物與飲料上做得比較好,但仍無法阻擋速食餐廳在學校旁邊設立得來速窗口。同時,許多英國學校把遊戲場的地皮賣掉了,學生以前可以在場上跑來跑去、做運動。

過去三十年裡,成年肥胖比例提升兩倍,青少年肥胖則提升為三倍。許多研究顯示,肥胖可以致命——引起各種自動免疫疾病,例如成年人第二型糖尿病,會縮短壽命。年幼兒童更有一比三的機會發展第二型糖尿病——如果是西裔,則是百分之五十——也更可能發展出心臟病、高血壓和某些癌症。疾病控制及預防中心(Centres for Disease Control and Prevention, CDC)注意到這個趨勢在男孩特別明顯,體重最重的孩子越來越重了。

在美國,這個現象越來越是國家緊急狀況了。《軍隊時報》(*Army Times*)說從軍年齡的年輕人「越來越不適合從軍——大部份是因為他們體能太糟糕了。」最近的五角大廈統計顯示超過三分之一十七歲到二十四歲的美國人因為醫療或生理狀況無法從軍。五角大廈軍隊招募主任寇特·吉爾羅伊(Curt Gilroy)表示,肥胖是最主要的問題:「毫無疑問……孩子就是無法做伏地挺身……他們不會做引體向上,他們也不會跑。」

然而,肥胖只是其中的一面而已。當男人增重——糟糕的那種增重,不是長大塊肌肉的那種增重——代謝會改變,使得身體裡的荷爾蒙降低,使他們在社交上和性上面更沒有效率。男性越強勢,睪丸酮素越多,性慾就越高。紐約州立大學水牛

城分校（University at Buffalo）研究者最近發現肥胖男性的睪丸酮素較低。當男性荷爾蒙降低，最大的受害者除了男性不孕之外，就是他在臥房裡的表現了。研究顯示百分之四十肥胖男性的睪丸酮素異常的低。肥胖也能激發第二型糖尿病，影響所及，結果就是血管的血流量減少，尤其是陰莖和睪丸的小血管。對於男性勃起，充血是很重要的。關於肥胖和男性的睪丸酮速下降，有一個很有趣的推論，就是女性荷爾蒙雌激素的不健康上升。正常男性體內有少量雌激素，但是過多時可能導致勃起障礙和不孕。

過去幾十年，年輕人的肢體活動減少了，花在螢幕前面的時間增加了。久坐不動的行為填滿了原本用來做肢體活動甚至睡眠的時間，導致在電視或電腦前面吃零嘴或吃飯過量。年輕男性和男孩晚上都在打電玩，而不是好好休息，讓自己更容易變得肥胖。

童年習慣很容易保持一輩子，肥胖的孩子往往變成肥胖的成人。孩子越大，這個可能性越強。根據哈佛醫學院（Hardvard University Medical School）的特別健康報告（Special Health Report），看電視、打電玩、不運動的孩子等於是在養成自己久坐不動的習慣。毫不意外的，有幾個研究發現兒童的螢幕時間和過重問題成正比。總之，久坐不動的生活模式對男性不但不健康，還會導致其他各種問題，縮短他們的壽命。

CHAPTER **6** ｜ 過度使用色情影片：
隨時都可以高潮

　　我的問題和第三世界難民遷移到美國郊區後，第一次去超市時面對的問題一樣。他們看到這麼多不同商品，完全癱瘓了，無法從眾多類似但是不同牌子的麵醬中做出選擇。他們卡住了，一直不開心的逛，害怕選錯。想想看，如果麵醬讓你勃起的話，那個決定該會有多困難。

——喬·史坦（Joel Stein），

《花花公子》（*Playboy*）雜誌投稿者

　　以前的家長會擔心青春期孩子有性行為。現在的家長擔心孩子沒有性行為。

——海倫·朗比羅（Helen Rumbelow），

《泰晤士報》（*The Times*）

　　一九九六年，彼得·馬利—騷特（Peter Morley-Souter）看

到一張漫畫，描繪他最喜愛的漫畫人物凱文（Calvin）和幻虎
（Hobbes）正在和凱文的媽媽發生性行為。他畫了一張漫畫，表
達他的震驚。他想，如果連凱文和幻虎都有色情版，一切都可
以有色情版了。於是，彼得想出了他這張漫畫的說明：「網路
規則＃三四:一切都有色情版。」我們可以安全的說，網路上的
色情就是虛擬愉悅的市場。雖然最常見的百分之五描述性標籤
和百分之九十的色情片有關，很受歡迎的網站XNXX收集了七萬
條不同的標籤，協助使用者尋找任何特定而少見的內容。網路
上充斥著各種限制級影像與影片，你想像得到的任何色情片內
容都可以在網路上某處找得到。這一點越來越毋庸置疑了。事
實上，我們很確定有些色情片類型早已經超過了一般人能夠想
像的範圍了。

　　一九九七年，全球信息網（World Wide Web）只問世了六
年，就有大約九百個色情網站。二〇〇五年，網路上大約發行
了一萬三千五百部色情商業電影，相較之下，那一年的好萊塢
才發行了大約六百部電影。今天，上百萬個公司和通路商在網
路上直接發行色情影片，數量多到無法估計。光是二〇一三
年，PornHub就有一百五十億次點閱。也就是說，在這一整年
裡，每天平均每小時有一百六十八萬人次的點閱。美國是發行
最多色情網頁的國家，共有二‧四四六億個色情網頁，佔了全
球色情網頁的百分之八十九。只要搜尋「色情」，就會找到百
萬、千萬條結果，第一頁充滿了免費立即播放的影片。根據可
靠消息來源，俄國正在大量生產色情片，併吞了從匈牙利到捷
克的歐洲市場。

　　像是PornHub、Youporn和Redtube這樣的色情網站運用各種不

同分類和彙整，迎合了男性充滿性的腦子，提供無限的視覺刺激，還可以隨時暫停或快轉。PornHub使用一種叫做PornIQ的工具，甚至可以根據顧客的獨特慾望列出他的選片單。

在二〇一三年的英國，PornHub是六歲到十四歲兒童最常造訪的第三十五大網站。現在，三分之一的男孩算是「重度」色情片使用者，觀賞的次數連他們自己都無法估算了。英國一項調查發現一般男孩每週看幾乎兩小時的色情片。三分之一列為「輕度」使用者的年輕男性每週花不到一小時看色情片，五分之四列為「重度」使用者（只佔調查的少數）的人每週看十小時以上。三分之一的輕度使用者說他們曾經因為無法停下來而錯過了重要期限或約定。有一個新的詞彙描述這個現象——自慰拖延（procrasturbation）——指的就是因為看色情片而拖延事情。此外還有全國以及全球的老男人、已婚男人和商人在網路上、職場、家裡和旅館裡看成人影片。旅館經由成人電視或「深夜」頻道提供色情片，讓顧客隨時看到飽——餐前、餐後、出門辦事前、辦事後。

這些人能夠彌補失去的時間嗎？這要看他有多麼容易受到媒體影響，也要看他看多少色情片。二〇一四年比利時研究了三百二十五位青春期少年，發現經常觀看色情網站會降低學業表現。研究者發現，較早開始青春期的男孩，以及喜歡追求感官刺激的男孩會比同齡男孩看更多的色情片。時間花在看色情片上，不只是取代了其他活動，也會造成認知吸收的效果。完全浸潤在非常愉悅的活動——色情片——會刺激認知、感官和想像力的好奇心，直到男孩忘記時間，也忘記其他需要注意的事情，於是表現不佳。運用心理學家道夫・奇歐曼（Dolf

Zillmann）的刺激轉移模式（excitation transfer model）和唐・邦恩（Donn Byrne）的性行為順序，研究者也認為看色情片達到的高度刺激，會激發衝動和「不安」的行為，可能阻礙了需要長期持續專注的行為。為了探索這個有趣的理論，我們需要有更多的研究。

英國每日郵報網路版（*Daily Mail Online*）專欄作家潘妮・馬歇爾（Penny Marshall）認為，少年在網路上花好幾小時觀看色情片的另一個後果就是他們會將女朋友視為性玩物。一位十六歲的女孩說：「男孩只要我們做色情片明星做的所有事情。」TED的精彩演講者，同時也是《做愛，不做色情片：科技對人類行為的嚴重影響》（*Make Love Not Porn: Technology's Hardcore Impact on Human Behaviour*）一書的作者，辛蒂・葛勒普（Cindy Gallop）說，結果就是，年輕男性不知道做愛和實境演出色情片內容有何差別。東倫敦大學（University fo East London）的一項網路調查顯示，五分之一的十六歲到二十歲男孩說「靠著色情片刺激以達到真實生活的性。」

二〇一四年，公共政策研究學院（Institute for Public Policy Research, IPPR）調查了五百位青少年，三分之二的男孩和四分之三的女孩說他們相信色情片導致不切實際的性態度。三分之二的男孩和女孩相信色情片會上癮，百分之六十二的男孩和百分之七十八的女孩相信色情片可能對年輕人如何看待性與關係有負面影響。或許最有揭示意義的是，百分之七十七的男孩和百分之八十三的女孩相信「年輕人太容易不小心就在網路上看到色情片了。」同儕之間認為看色情片是典型行為的男孩中，幾乎有三分之二說到了十五歲，看色情片就很普遍了。

　　我們認為，對於從未有過真正性行為的年輕人，過度觀看色情片和社交孤立的負面影響更嚴重。為什麼呢？他們認為性只是肢體表現，是身體各部分的機械動作，沒有浪漫、情緒、親密感、溝通、協商、分享，甚至沒有撫摸和親吻。性變成了無關個人的「物件」。對於男性，渴望的性伴侶只是物件，一旦「結束」，就和他沒有連結了。成人可能理解，色情片的重點是將真實生活變成幻想，但是某些年輕人則剛好相反，將色情片視為真實生活努力的目標。一位英國少年說：「色情片的意義就是將幻想變成真實生活。」

　　此外還有其他非現實和無可避免的負面社會比較：演員一般長得很好看，身材維持得很好，有無限的耐力，可以持續進行性行為而不達到高潮。看了一部又一部的影片，裡面的男主角都有巨大的陰莖，可以立即勃起，甚至在高潮後還可以保持勃起，對年輕人顯然不會有好的影響。

　　最後，色情片充斥著未受保護的性行為，從口交到肛交，提倡陰莖、陰道、胸部和嘴的各種姿勢。色情片提供一個幻想的世界，不是性教育。如果沒有恰當的接觸真實世界性教育，觀眾就很容易忽略了色情片中隨意發生的某些性行為的高度危險性。二〇一四年，澳洲伯內特學院（Burnet Institute）公眾健康中心（Centre for Population Health）調查發現每週看色情片的行為和過早發生性行為、有時不用保險套、發色情短訊以及肛交息息相關。

　　在美國，一九九二年時只有百分之十六的十八歲到二十四歲女性曾經嘗試肛交。今日，至少五分之一的十八歲和十九歲女孩，以及五分之二的二十歲到二十四歲女孩都嘗試過了。

很多時候，因為肛交不會導致懷孕，年輕人認為不需要戴保險套。他們不知道的是肛交更容易傳染性病。順帶一提，十五歲到二十四歲的年輕人在二十五歲之前，有一半都會得過一次性病了。

CHAPTER 7 ｜生活中的激情，或是使用任何物品所達到的激情：過度仰賴藥物和非法毒品

二〇〇六年，麻省理工學院（MassachusettsInstitute of Technology, MIT）教授約翰・加布里埃利（John Gabrieli）和他的研究團隊發現，治療過動症的藥物也可以改善正常孩子的專注力和學業表現，改善的幅度和治療過動症孩子所獲得的成效一樣。某人對藥物反應良好——更好的行為、專注力和成績——並不表示他有過動症，但是很多家長和醫生還是以狀況的改善與否作為診斷標準。

如果藥物協助孩子在班上表現更好，有何不可呢？雖然服藥後孩子一般都會表現更好、行為更容易管束，但是只要持續服藥一年就會改變個性，友善、外向、勇於冒險的男孩也會變得懶惰、易怒。兒童們更學到了吃顆藥就能解決問題。

哈佛大學醫學院的威廉・卡爾里仲（William Carlezon）教授

與同事最近提出報告，給未成年的實驗動物吃興奮劑——例如治療過動症男孩的藥物——會使這些動物長大後失去動力。這些動物看似正常，但是很懶惰。他們不想努力，甚至不願解決糟糕的狀況。研究者認為兒童也會有類似的效果。服藥期間或服藥之後，兒童可能看似正常，但是成年之後不會有原本沒有服藥時應該有的動力。大量用藥的年輕一代長大之後，第二章提到的暮氣沉沉可能會越來越嚴重。

心理學家與家庭醫生利奧納德・薩克斯（Leonard Sax）在《浮萍男孩》（*Boys Adrift*）書中寫到，興奮劑似乎會傷害腦子的伏隔核（nucleus accumbens）。在伏隔核，內在動力被化為行為動作。如果男孩的伏隔核受損，他還是會感到飢餓或性慾，但是缺乏動力去採取行動。美國和歐洲大學裡的不同研究團體都發現，即使實驗動物短期接受低劑量的藥物，伏隔核都可能受損。薩克斯寫到：

一項特別令人擔憂的研究——加州大學洛杉磯分校塔夫斯校區（Tufts, UCLA）和布朗大學（Brown University）的合作研究——記錄了伏隔核和個人動力之間直線相關。伏隔核越小，這個人越可能暮氣沉沉、缺乏動力。這些調查者強調暮氣沉沉和憂鬱無關。一個人可能完全沒有動力——卻仍然快樂滿足。

他就是不多做，或是不想多做，只想微笑著待在沙發上。這一點對美國年輕人尤其重要，因為百分之八十五的興奮劑都是開給他們的。

服用興奮劑的副作用之一是緊張和焦慮。降低這些副作用

的好方法是什麼呢？抽大麻，過過癮。無論有沒有服藥，很多年輕男性吸大麻。現在的大麻和以前的大麻不同了。過去三十年，大麻的效力一直在升高。一九八三年，大麻的THC[6]（大麻裡會影響心理的成分）含量平均少於百分之四，到了二〇〇八年，THC含量已經多於百分之十。接下來的十年裡，可能會升高到百分之十五或十六。二〇一一年，荷蘭政府宣布高劑量的大麻（THC高於百分之十五）要和古柯鹼與快樂丸一樣，被分類為成癮毒品。重新分類的一個成因就是高劑量的大麻會嚴重妨害執行功能和動作控制，這些能力在計劃、記憶、專注力、問題解決、口語推理和抗拒誘惑的過程中都用得到。從一代到下一代，大麻變成完全不同的毒品，可能弊大於利了。

　　讓我們看看容易受到誘惑的傾向。人生充滿了危險愉悅的誘惑。「不要讓我們陷於誘惑。」是基督徒常見的祈禱辭。人們無法抗拒誘惑的話，就會沉溺於當下的享樂主義，無法顧及未來。我（菲利普）對時間概念心理的研究顯示，身為一個沉溺於當下的享樂主義者，會容易陷入所有容易上癮的物質與行為。身為享樂主義者，會經常追求新的享樂和強烈的感官刺激。[7]

　　你的決定總是受到當下情況的限制，例如你的感覺、別人在做什麼說什麼，或是誘惑看起來、聞起來或嚐起來像什麼。你不會像考慮未來的人一樣，想到未來的危險和代價。也就

6　四氫大麻酚（Tetrahydrocannabinol），簡稱 THC，是大麻中的主要精神活性物質。

7　不能和佛教的「處於當下」混為一談，佛教的練習是強調覺知，不加以批判的專注於情緒、思考和感覺。

是說，當你看到你喜歡的事物，你就「立刻追求」，開始享受——然後就開始依賴它了。這就是上癮。

一位大一男生告訴我們一個越來越常見的故事：

小一時，我被診斷為過動症，很快地開始服用利他能（Ritalin）。直到今天，這個診斷一直陪伴著我的社交和學習生活。我的老師和家長一直跟我說我很聰明，我很難相信他們，因為我總是惹上麻煩或是需要家教。中學特別波濤洶湧。我在七年級的時候轉學到一家私立學校。我的成績爛到不行。從一開始，一直到我高一結束再次轉學為止，沒有一個學期我沒有因為某種成因被留校察看的，或是因為學業，或是因為行為。無論是校內或校外，我總是惹上麻煩。

他還說，他抽很多大麻。在校園裡，抽大麻是個很普遍的現象。

在第一部份，我們簡短的檢驗了「冰山一角」。我們相信年輕男性正在以各種方式危害自己，我們探索了各種徵狀，包括過度使用電玩和網路色情片、過度依賴處方藥物和非法毒品、缺乏動機和動力、社交和性的困難，以及糟糕的健康選擇。我們相信這些徵狀源於複雜而彼此相連的成因，我們在第二部分會進一步討論。

PART TWO
CAUSES

第二部份 成因

CHAPTER **8** ｜ **無舵之家，
缺席的父親**

無論兒童早期看到的風景是什麼，它都會像一面紗，
籠罩著他。他以後都會透過這面紗看世界。

　　　　　　　──華萊士・史達格納（Wallace Stegner），
　　　　　　　　　　　　　　　　　歷史學家和小說家

　　近年來，年輕男性本身沒有太多改變，但是他們上學、追
女孩、成長的環境和社交情況卻改變了很多。我們在本書第一
部份舉出了一些數據。如果我們仔細看年輕男性的世界，就比
較能理解這些數據背後的意義。在第二部份，我們會簡略檢視
影響年輕男性思維和行為的主要情況元素和系統元素，包括文
化改變和社會期待，以及學校、家庭和同儕之間發生了什麼。

　　自古以來，大部份人類多代同堂而居，往往有好幾個家庭
一起群居。無論孩子要不要，四周都有很多成人。除了父母之
外，還會有其他的照顧者：手足、祖父母、叔伯阿姨和表兄

妹。現在則不同了，教室裡的師生比是一比二十，家裡只有一位或兩位成人，其他親戚住得很遠，兒童和少數成人建立有品質的關係。今天的美國家庭平均有三個人或更少的人。英國則是二・四人。家庭越來越小，在一起的時間也越來越少，尤其是有品質的時間，例如一起坐下來吃頓飯。《為愛而生：為何同理心如此重要——卻瀕臨絕跡》（*Born for Love: Why Empathy Is Essential——and Endangered*）作者瑪雅・史查拉維茲（Maia Szalavitz）和布魯斯・派瑞（Bruce D. Perry）認為，我們的文化主張要關懷別人，但是缺乏豐富的人際關係對此卻有負面影響。

嬰兒時期，我們依賴主要的照顧者——首先是媽媽，然後是爸爸——我們飢餓的時候餵養我們，我們受到威脅的時候保護我們。也就是說，家長負責調節我們面對的壓力程度，直到我們可以自己調節。他們對壓力的反應會影響我們未來對壓力的反應。我們和母親最早的互動成為我們未來與人互動的模型。近代有個問題：因為現代社會的結構，母親經常處於壓力之下。如果母親有壓力，如果她沒有受到呵護，她就比較不可能經常地呵護她的孩子。

此外，壓力也受到社交系統調節：掌管社交關係的腦部同時也控制壓力反應。二者一起發展。因此，壓力反應的發展若是出了問題，社交和情緒功能的發展也可能會受到妨礙。反之亦然。

過去幾十年裡，美國未婚女性生育率不斷上升，從一九八〇年的百分之十八升到二〇一二年的百分之四十一。三分之二的孩子來自三十歲以下的女性，未婚生子的比例則是百分之五十三。許多未婚女性生育時和伴侶同居，但是分手的比例是

婚姻的兩倍——孩子滿十歲之前，三分之二會已經分手了。整體而言，有三分之一的男孩成長在沒有父親的家庭裡。在英國，有孩子的家庭裡，四分之一只有單親媽媽——是一九七一年的三倍。

現在有這麼多孩子生長在單親媽媽的家庭裡，誰來呵護這些年輕的新手母親呢？當這些孩子有了自己的孩子時，要如何處理壓力呢？此外，人類壽命越來越長，越來越多的年長親人住在安養中心裡。誰有責任經常去探視他們，處理他們的生存問題，甚至他們的法律和會計問題呢？通常是他們的女兒——那些壓力過大的年輕母親——必須為了年老體弱、記憶失常、無法呵護成年女兒的父母，面對更多的壓力。

以前的家庭經常圍繞著餐桌講話，交換經驗、想法、價值和其他。這已經成為古老習俗了，大家現在光說不做。二十五年前，《今日美國》（*USA Today*）做了一項關於大家越來越覺得「時間緊迫」的調查。統計發現百分之六十——五分之三——的家庭表示生活比五年前更緊張了，他們無法做許多事情，例如經常坐下來一起吃飯。

現今，大約一半的青少年表示經常和父母在家吃飯。根據全國上癮和物質濫用中心（National Center on Addiction and Substance Abuse），沒有經常（每週少於三次）和家庭吃晚餐的青少年比每週有五到七次家庭晚餐的青少年，較容易抽菸（幾乎四倍）、喝酒（兩倍以上）、吸大麻（兩倍半）、未來嗑藥（四倍）。

不穩定的角色模範，被破壞的信任

在二十世紀早期，美國人對人有足夠的信任，有少數人幫孩子貼上郵票，請郵局將孩子「寄」到另一個地方，交給親戚。相形之下，現在我們甚至不信任家裡請的保姆。大家買小型「保姆攝影機」，藏在絨毛玩具或鬧鐘裡面，偵查家裡保姆照顧孩子時，真正發生了什麼事情。

相信「大部份的人值得信任」的美國人比例從一九六〇年的百分之五十五降到二〇〇九年的百分之三十二，表示大部份的美國人認為其他公民不值得信任。二〇一二年皮尤社會趨勢（Pew Social Trends）調查顯示只有百分之十九的Y世代覺得別人值得信任，雖然一般人口的調查數字較高。英國也有同樣的現象，從一九五九年的百分之五十六掉到二〇〇八年的百分之三十。所以，大部份英國人也覺得不能信任別人。信任感的降低源自媒體不斷報導的政客腐敗、欺騙和隱瞞，還有不可靠的目擊證人、低下層階級的覺悟、名流的醜聞、其他公眾人物的名譽破產。

其它值得繼續探究的成因則是大家親身觀察或經驗到的事情。哈佛大學公共政策榮譽教授羅伯特・普特南（Robert Putnam）在《獨自打保齡球：美國社區的衰落與復興》（*Bowling Alone: The Collapse and Revival of American Community*）書中解釋說：

社會裡幾乎所有的窮人都比富人更不信任別人，可能因為大家對待富人的態度比較誠實、尊敬。在美國，黑人比白人、沒有錢的人比有錢的人、大城市的人比小鎮上的人、曾經是犯

罪受害者或離婚的人比未曾有這兩種經驗的人更不信任別人。

我們認為許多國家的高離婚率特別值得擔心，因為離婚造成的破壞和影響從來都不是單獨的，甚至會以我們無法覺察的細微方式產生影響。例如，心理學家和婚姻專家約翰‧葛特曼（John Gottman）研究離婚的人和婚姻不快樂的人的血液樣品，發現他們的免疫系統較不活躍，白血球較少，比較無法抗拒傳染病。當他檢查在各種不同家庭環境成長的幼兒時，發現處在父母敵對的環境中的孩子壓力荷爾蒙長期升高。

一九六九年，加州的雷根（Reagan）州長頒佈美國第一條無過失離婚法案，配偶無需說明原因就可以結束婚姻。接下來十年，其他州相繼通過相同法案，到了一九八〇年，離婚率是一九六〇年的兩倍以上。今日，美國超過一半的第一次婚姻會以離婚收場，其中有一半會在結婚七年內離婚。

全球各國都有類似趨勢。英國也採用無過失離婚，百分之四十八的孩子在十六歲之前會看到父母離婚。在中國，申請離婚的人比申請結婚的人還多。中國的離婚率還算是低的，但是每年都在攀升，大部份的離婚都發生在大城市中。歐洲的傳統天主教國家（例如波蘭）離婚率比周圍其他宗教性較低的國家低，但近年來也急速攀升——三分之一的婚姻以離婚收場。

一位波蘭母親寫信來說，離婚是諸多現代社會現象的結果：

家庭的「解離」以及人類關係的不穩定只是部份結果。女性主義、沒有男性伴侶協助的單親媽媽撫養男孩時的過度保

護、養家的經濟壓力。加上無孔不入、令人痲痹的媒體不斷提供偽道德的範例。年輕人前所未有的軟弱、迷失……最好的例子就是我的三十歲兒子，失業，現在還在逃避人生和責任。

對任何人來說，離婚都不容易。但是分手本身並非影響年輕人信任感的原因，而是父母如何處理分手。很多孩子對關係失去信心，因為他們看著父母情緒變得不穩定，做出非理性的反應，有時甚至很暴力。公開戰爭之前，孩子常常看到本來很有愛心的父母吵架、羞辱彼此和其他負面社交行為。

這是現在很多孩子觀察到的模式：男女遇見彼此、戀愛、結婚、生孩子。然後壓力來了。嬰兒佔據了生活。男女之間產生了距離。從一開始，溝通就不是很好，現在更糟了。然後出現了可以為自己減壓，卻破壞婚姻的行為，例如家暴、嗑藥、酗酒、情感和身體的外遇。每個人都不快樂。離婚緊接著而來。父母雙方，或其中之一，開始遇到困境，在情緒上、心智上或經濟上開始崩解。任何孩子看到這種狀況，置身其中，不都是很悲哀嗎？

現在許多專職母親會表示，雖然很高興有了孩子，但願之前保留了自己的事業，離婚時才不會這麼困難。她們離開職場多年，一時之間很難找到工作。一九六二年的蓋洛普民意調查（Gallup poll）顯示，只有百分之十的母親希望女兒承襲自己的人生模式──往往很傳統。五十年後，情況並未改變多少。一九六二年調查對象的女兒們已經身為人母，這些年輕母親從自己母親那裡得到的訊息非常不一致。一方面，她們說孩子無可取代，另一方面又說事業比家庭更有持久性。當然有些女性

可以根據自己的標準兼顧家庭與事業。

離婚和單親家庭的女性更不快樂、更有壓力，她們的女兒也承襲了這些情緒，有時會埋怨成長時父母離婚造成的後果。我們的調查中，一位年輕女性說：「我母親跟我父親分居，並未讓她更有力……我十五歲時，他們分手了。我覺得自己不是成為年輕女性，而是成為一家之主，我對女性的看法因此降低。」二〇一二年，皮尤研究（Pew Research）調查發現，即使考慮了族裔、收入和教育，只有百分之二十三的未婚母親和百分之三十一的職業母親說「對自己的生活感到快樂」。百分之四十三的已婚母親和百分之四十五的專職母親則表示覺得快樂。

另一個更深的訊息就是罪惡感：當母親說，如果待在職場上，人生會如何不同（更好），或是跟自己的女兒說不希望她重複自己的「錯誤」時，等於是間接的告訴孩子，他們的存在是錯誤的一部份，阻礙了母親年輕時可能會有的成功。於是孩子必須根據母親的願望，為「母親把他們生下來」的錯誤付出代價。

母親是我們最重要的導師，當她釋放這些訊息時，一般年輕女性難免感到焦慮困惑。媒體上，有大批被視為「超級母親」的名人，例如名模蘇菲亞・維加拉（Sofia Vergara）、女星格溫妮絲・帕特洛（Gwyneth Paltrow）和名模海蒂・克拉姆（Heidi Klum），不但可以家庭事業兼顧，到了四、五十歲還可以保持美貌。當年輕女性最後明白自己無法兼顧一切——甚至得不到自己想像或希望擁有的人生——時，不免覺得失望。問題就是，如果孩子接收到這些訊息，將會侵蝕他們的基本信念。彼此信任關懷的關係需要建立在這些基本信念上。簡言之，這就

是離婚的訓練。沒有全職事業的女兒會覺得自己背叛了母親的願望。兒子看到母親的狀況，會懷疑自己將來是否有能力讓女人快樂。如果他們的父親在這一點上徹底失敗了，他們怎麼可能成功呢？畢竟，十分之七的離婚是由女方提出的。

這個悲哀故事的另一面就是父親，眼看著婚姻解體，付出一連串贍養費和撫養費。只有百分之十到百分之十五的男性贏得孩子的撫養權。導致許多男性覺得工作一輩子就是為了供養背叛自己的人。當一個男人超時工作，努力付撫養費，卻被說成漠不關心時，他當然覺得受到誤解了。如果他有個人缺陷，會被視為不適任。如果他找到一個新的嗜好，人家會說他自私。如果他害怕重蹈覆轍而不發展新的親密關係，人家就說他恐懼承諾。這些人感到深沉的絕望，離婚後的自殺率是女性的十倍。大家可能一開始會覺得，這個數據表示婚姻對男性比對女性更為有利。無疑的，許多女性覺得自己在婚姻中負擔了大部份養育孩子和家務事的責任。從健康福利來看，婚姻顯然對男女雙方都有益處。但是，因為男性受到制約，比較不會求救或找人幫忙，他們有更多壓抑的情緒，遇到危機時比較容易採取激烈行為。

大部份孩子成長時會看迪士尼影片和童話故事，以為傳統婚姻適合每一個人，應該維持到永遠，因此，分手對整個家庭都有嚴重的破壞性。孩子會想，這就是我的未來嗎？長大成人之後會想，幹嘛結婚呢？有什麼意義嗎？最後整個重擔都會在我身上。

如果離婚過程很和平，就不至於如此。雙方都跟孩子表達自己的愛，並尊重對方。可惜情況通常並非如此。年輕人成長

時沒有看到充分信任別人並可靠的好模範，尤其是在親密關係上。現在的人一想到長期的一夫一妻制，想的不是得到什麼，而是失去什麼。婚姻被視為限制了獨立和自由，承諾被視為犧牲自己的目標與熱情，得到的卻是十年或二十年後極可能的失敗，如果不是更早的話。有些孩子覺得他們是父母婚姻結束的原因之一，因此不肯生孩子，希望不要有孩子像他們一樣，目擊並體驗這些痛苦。

　　大家仍然期待年輕人想要這些東西，雖然他們說，從未有人好好教他們如何談論或處理承諾帶來的危機。最終，他們不知道可以信任誰。他們想：「如果我不能信任身邊最親近的人，還能信任誰？如果爸媽無法待在一起，誰能？」我們從最早的關係中學習信任別人，所以當我們最重要的模範不可靠、無法保持承諾、不在場支持伴侶的話，我們會覺得很難依賴別人或允許自己被別人依賴。

　　顯然，成功婚姻的前提就是彼此信任。我們也要考慮到，社會有多少其他事物建立在這個基礎上。一九六六年，哈佛醫學院（Harvard Medical School）精神科教授喬治‧瓦揚（George Vaillant）開始負責哈佛成人發展縱貫性研究（Harvard Study of Adult Development），長達四十年。這項研究始於一九三八年，非正式地被稱為格蘭特研究（Grant Study），不但測量當時流行的病理學數據，同時也測量自然與營養如何影響男人的心智與生理健康。原本的研究者不但想長期觀察健康，而是觀察「最佳」健康。所有參與者都是哈佛學院（Harvard College）的大二男生。在最近的分析中，這份研究已經進行了七十五年（很多參與者已經九十多歲了），瓦揚數次提到溫暖童年的重要性──穩定

的家庭環境，孩子和父母很親近，家長支持和鼓勵孩子表示意見和獨立自主，孩子和至少一位手足很親近——以及溫暖童年在「發展信任、未來的快樂和成功」上所扮演的角色。他寫到：「在家裡沒有學到基本的愛與信任的孩子，之後在掌握決斷、倡議和自主時，會遇到障礙。而這些特質都是成功者的基礎。」擁有最溫暖童年的男性比童年灰暗的男性賺了多百分之五十的錢。他指出，最獨立的男性來自最有愛的家庭：「他們學到了可以信任生命，讓他們有勇氣面對生命。」並且，「缺乏希望、不信任別人讓人極容易感覺寂寞。」一位成長時父親缺席的二十多歲年輕男性回應了我們的調查問卷，他同意這個看法，告訴我們，直到今年之前，他無法離開家或完成學業：「自從我開始好好思考成長時埋在心底的種種議題之後，我才意識到我錯誤的迷思，這在我的個人成長上是一大步。」

二○○八年，全國父道組織（National Fatherhood Initiative）的一項調查顯示，和孩子的爸爸結婚或同居的婦女有百分之五十六說，孩子的爸爸和孩子有「非常親近溫暖」的關係，沒有和孩子的爸爸同居的婦女只有百分之十五如此表示。和孩子的爸爸結婚或同居的婦女只有百分之三說孩子的爸爸和孩子「有距離、沒感情」，沒有和孩子的爸爸同居的婦女卻有百分之四十七如此表示。

雖然看起來，某個人童年是否溫暖、是否能夠信任別人、是否選擇結婚，都不是什麼了不起的問題，但是人數一多，就產生嚴重影響了。缺乏信任的後果不僅僅造成社會影響。人們彼此不信任的國家，其經濟發展也較差。克萊爾蒙特研究生大學（Claremont Graduate University）的經濟學教授保羅．扎克（Paul

Zak）說：「更信任別人的國家，經濟比較發達……這些國家有更多經濟活動，創造了更多財富，更能消滅貧窮。一般而言，越窮的國家，人民越不信任彼此。」自從八〇年代開始，信任度提高的國家主要都是北歐國家，其中又以丹麥人為最高（百分之七十六）。低於百分之二十的國家則包括墨西哥、法國、南非和阿根廷。

法蘭西斯・福山（Francis Fukuyama）在他寫的《信任：社會德性與經濟繁榮》（ *Trust: The Social Virtues and the Creation of Prosperity* ）裡說：「採取自由主義的政治和經濟機構仰賴健康有活力的民間社會，才能有生命力」而這一切都建立在強壯穩定的家庭結構上。查爾斯・穆雷（Charles Murray）在《分崩離析：美國白人五十年（一九六〇〜二〇一〇）來的惡化》（ *Coming Apart: The State of White America*, 1960~2010）書中表達了類似的看法，他認為婚姻是國家力量與經濟韌性的基礎之一。他寫到，有孩子的家庭是社群的核心，而社群是社會的核心。他說，社群必須圍繞著這些家庭建構，因為有孩子的家庭一向都是社會運作的「引擎」。

是否有伴侶和是否就業有強烈的相關性。已婚男性的工作時間比單身男性多百分之十七、比同居男性多百分之九。女性是否有伴侶倒是不太影響她在外工作的時間，但是，沒有孩子的女性比孩子已經大了的女性多花百分之十七的時間工作。到了二十七歲，與孩子同住的單身女性是男性的八倍。這些趨勢在少數族裔、教育程度較低和未婚的人身上，更為明顯。整體而言，美國未婚人口從二〇〇〇年到二〇一〇年成長了百分之四十一。未婚伴侶的主要選擇就是同居，自從一九七〇年以來已經成長了百分之一千四百。

在二〇一四年的英國，百分之六八的十六歲到六十四歲的女性有工作，百分之七十八的同齡男性有工作。二〇一一年，從未結婚的十八歲到四十九歲女性從一九七九年的百分之十八上升至二〇一一年的百分之四十三。和伴侶同居的女性也增加了，從百分之十一變成百分之三十四。獨居的人從一九七三年的百分之九變成二〇一一年的百分之十六，幾乎成長為兩倍——對於二十五歲到四十四歲的人口，獨居比例從百分之二上升到百分之十，增加為五倍。異性同居的人口從二〇〇三年的兩千兩百萬人到二〇一三年的兩千九百萬人——其中百分之四十一有未成年孩子一起住。有未成年孩子同住的單親家庭中，女性佔了百分之九十一。

這種安排對成人雖然方便，但是我們已知，同居和單親家庭無法為孩子提供足夠穩定的基礎。在這種狀況下，孩子往往身處兩個不同的世界。和成長在完整的已婚家庭的孩子相比，成長於同居家庭的孩子中學中輟、嗑藥或憂鬱的可能性是兩倍。和婚姻相比，同居也提供伴侶和孩子較少的承諾與安全感（這些孩子受到肢體、性或情緒暴力對待的機率是婚姻家庭裡的孩子的三倍）。結果就是同居伴侶比婚姻伴侶更可能分手（兩倍）、更容易不忠（四倍）。因此，無論同居的益處為何，顯然都有負面的代價和後果。

家庭創傷——例如離婚——和體重過重之間可能也有強烈關聯。一項研究調查了三百位嚴重過重的人，發現很高的比例有嚴重的家庭失能，尤其是性侵。大約一半的男女說他們童年時曾經被性侵。這個比率比一般男性人口高出百分之三百。幾乎所有參與調查的人都說曾經有過某種難以忘懷的童年創傷。

生活中發生壓力事件後，體重往往立即上升。一個例子就是離婚。體重開始大幅上升的不久之前，離婚率大幅升高。年輕男孩往往比女孩更難適應父母離婚——尤其如果父親離開家，危機會更高。例如，最近的一項挪威研究發現，如果孩子一歲前和父親經常有正面接觸、父親注意到孩子的興趣、鼓勵孩子、對孩子微笑的話，到了兩歲，會比其他孩子更平靜。男孩尤其如此。父母雙方會同樣關懷照顧女兒，但是父親跟兒子會比母親有更多的正向互動。

有趣的是，瓦揚發現雖然復原需要很長的時間，但是隨著時間過去，童年發生的好事情會比童年創傷更凸顯出來，創傷會變得沒有以前那樣重要了：「童年環境是否溫暖似乎比童年智力、父母是否依賴社會福利、家裡是否有多重問題都更能預測未來社會階級和成人就業率（或失業率）。」即便是格蘭特研究中七十多歲的人，他們的滿意程度和「家長的社會階級或他自己的收入都完全無關。緊密相關的是童年環境的溫暖，這又跟男性和父親是否親密有強烈關係。」現代社會裡，有太多家庭缺乏親密的父子關係了。

爸爸是什麼？

女人生來就是女人，男人卻必須成長為男人。男子氣概很難捉摸，非常容易失之交臂。男子氣概必須叛離女人，並被其他男人確認。

——卡蜜爾・帕格里亞（Camille Paglia），
倫敦藝術大學（University of the Arts）《性的人物：從埃及

王后納芙蒂蒂到美國女詩人艾米莉‧迪更生的藝術與頹廢》
（*Sexual Personae: Art and Decadence from Nefertiti to Emily Dickinson*）

> 如果我們不啟動男孩，讓他們成為男人，
> 他們會把村子給燒了。
>
> —— 非洲諺語

　　就像我們之前說的，現在很多兒童被單親媽媽撫養長大。百分之四十四的Y世代和百分之四十三的X世代[8]（Gen Xers）的人認為婚姻非常老套。這讓我們思考，在二十一世紀，承諾會是什麼模樣？這些態度將如何影響未來的世代？未來的孩子又將如何長大？

　　在工業國家中，美國家庭缺少父親的比例最高——這個現象一點也不值得驕傲。在英國，童年結束之前，年輕人臥房有電視的機率比家裡有父親的機率還高。根據「積極教養」（Mind Positive Parenting）創立者大衛‧華許（David Walsh），即使有父親，一般在學男孩每週只花半小時與父親相處。他說：「相較之下，他們每週花四十四小時坐在電視、電玩和網路螢幕前。我認為我們嚴重忽視我們的男孩。結果就是我們的男孩沒有花時間和人生導師或長者相處，這些人本可以指引男孩的人生路徑，教他們如何成長為健康的男人。」

　　加拿大的傑夫‧波瑞拉（Jeff Perera）負責白絲帶（White Ribbon）運動的社區參與，他創立了「更高等的去除學習」

8　譯註：指一九六五年到一九七六年出生的人。

（Higher Unlearning）部落格，這個運動和網站都在討論男性、男子氣概、父道、健康關係、終止對女孩與女人的暴力。他在多倫多花了一個早上和八、九歲的男孩對話，討論他們身為男孩喜歡什麼、不喜歡什麼。一群男孩列出以下身為男孩不喜歡的事情：

- 無法當母親
- 不可以哭
- 不可以當啦啦隊員
- 應該做所有的事情
- 應該喜歡暴力
- 應該玩足球
- 男孩很臭
- 自然而然的有壞名聲
- 到處長毛

波瑞拉說很多男孩「會說他們不喜歡男孩必須這麼競爭，往往導致有攻擊性的行為或欺騙，才能被視為『贏家』。」在各方面而言，男孩就是得成為贏家，有時候不計一切代價。有些會說男孩子總是惹上麻煩，一個男孩指出「自然而然的有壞名聲」。波瑞拉請這些男孩解釋「無法當母親」是什麼意思。大部份男孩同意，他們很高興不用生小孩，但是覺得自己會錯過養育孩子的機會。一個男孩說，廣告裡總是女生玩娃娃，男生都不能當媽媽。當波瑞拉跟男孩說，他們可以當爸爸呀，男孩看起來很困惑。波瑞拉寫到：

　　我的腦子快速思考，想著這些骯髒的男孩裡，有多少人家裡有父親或相等的角色模範，但是父親在情緒上不支持孩子？或是家裡有父親嗎？如果這些父親跟孩子相處，大概也只是丟丟球罷了。我們需要更多「通往成年男性的地圖」（Maps to Manhood）。如果我們強調過時的「男子氣概」的規矩和觀念，這些男孩會努力成為某種標準男人，成年後必定失敗。

　　缺乏父親在場、缺乏現代的成年儀式對男孩的社會情緒發展有負面影響，而二者的負面影響都被低估了。家裡沒有父親或生命中沒有正向男性角色模範的男孩會開始在別處尋找男性認同感。有些年輕男性在幫派裡找到，其他男孩則在毒品、酒精、電玩、物化女性中找到。例如，二〇一四年紀錄片《自由玩耍》（Free to Play）裡的三位玩家丹迪（Dendi）、菲爾（Fear）和嘻嘻（Hyhy）成長時都沒有父親陪伴。這絕不是巧合。其中一位玩家丹迪小時候父親過世，從此沉溺在電玩裡——他說父親的死讓他「玩得更凶」。另一位玩家菲爾很小的時候，父親就離開他們，他沒有被籃球隊選上之後，開始花大量時間打電玩。他說在很多方面而言，因為父親不在，他才成為現在這樣。第三位年輕人嘻嘻說他成長時父親每天工作十五、十六小時，基本上「放棄了生命中的一切」。紀錄片記錄了他們和其他《守護遺跡》（Defense of the Ancients, DotA）頂尖玩家一起競爭一百萬美元獎金的比賽過程。

　　缺乏父親的另一個副作用就是專注力和情緒異常的現象增加。二〇一〇年，瑞典研究了一百多萬名六歲到十九歲的

兒童，發現單親家庭兒童服用過動症藥物的比例較一般兒童高出百分之五十四。全國健康統計中心（National Center for Health Statistics）報告顯示，如果父母未婚或離婚，只和單親媽媽住的兒童因為情緒或行為問題需要專業治療的比例較一般兒童高出百分之三百七十五。

「男孩成長輔導網路」（Boys to Men Mentoring Network）創辦者之一葛雷格‧麥克連（Craig McClain）對於男人為何不和青春期男孩相處的看法如下：

男人害怕青春期少年，非常害怕。他們不想跟這些男孩有任何關係。我對男性團體演講時看到這個現象。我說：「你們有誰願意跟我以及三十位青春期男孩一起過週末？請舉手。」可能有一位舉手，我會說：「這就是問題所在。」男人害怕青春期少年，因為他們還記得自己的青春期充滿痛苦、哀傷、孤單。當他們看到少年時，就會想起來，於是退縮了。

年輕男性怎麼辦呢？二〇〇七年紀錄片《男人旅程》（*Journeyman*）記錄了兩位明尼蘇達州少年——麥克（Mike）和喬（Joy）——經歷「男孩到男人」（Boys to Men）輔導計劃以及成年儀式的過程。一開始，兩位少年都很不信任世界。兩人生活中都沒有父親在場。麥克和喬都獲得一位一對一的男性輔導員。而這兩位輔導員年輕時也都沒有父親在場，自我認同中一直充滿羞恥和罪惡感。其中一位輔導員丹尼斯‧吉爾伯（Dennis Gilbert）對於自己身為輔導員並無信心：

一開始，我覺得：「我不知道我要不要當輔導員。」當時我心裡對青春期少年有一些不自覺的議題，尤其是在團體裡。我會害怕。很多時候，我們就坐在車裡，看著彼此，我從他那裡幾乎得不到任何回應。過了六個月，我心想，我做得對嗎？我沒有看到什麼改變。我們不覺得是好朋友。我只是他無聊的時候，去接他的人而已。我打電話給查理，說：「我覺得自己失敗了。他不喜歡我。我們什麼都不聊……或許有別人更適合當他的輔導員。」查理說：「丹尼斯，你在做的事……正是你需要做的事。」他說得對。那是暫時的……又過了三個月，他開始對我打開自己。

這些年輕男性正要轉型成為男人，對他們來說，最重要的就只是有成年男性在身邊，喜歡與他相處，可以指導他們，讓他們覺得可以做自己而被愛，同時為自己的行為負起責任。做自己還能夠被愛就是無條件的愛，以往都來自母親。根據表現和努力而被愛通常來自父親。在這裡，輔導員付出二者。

兩年之後，麥克從每一科都不及格變成每一科都拿到高分，並且第一次當「男孩到男人」週末活動的志工。他說，這個經驗改變了他。他可以看到自己的未來了。以前的他看不到自己的未來。現在，喬有了自己的孩子，期待養育自己的孩子。兩位輔導員也發現自己經歷了一趟情緒旅程，因為和男孩的互動，看到了自己成長時未解的議題。

若有父親或正向男性角色模範參與，孩子會比較開放、接受和信任新的人。一項研究調查了一群小學生，與父親同住的兒童和沒有父親在場的孩子相比，在二十七項社交能力上，有

二十一項表現較佳。他們或許因此也擁有更多的玩伴。他們成績較好，學歷也較高。九項學業測量中，有父親在場的小學生有八項表現較佳，並且，父親的影響一直到高中都很重要。

　　毫無疑問，男孩生命中需要有男人。母親的角色也極端重要，但是《男孩之心》（The Minds of Boys）的作者麥可・葛里安（Michael Gurian）說：「單親媽媽沒有任何辦法……能讓青春期的兒子冷靜下來，擁有道德觀念。男孩需要父親。為什麼呢？因為大自然就是這樣設計的。因為這是人性。有母愛，有父愛，二者極為不同。男性的愛護和女性不同，兒童──女孩和男孩──需要母親和父親的愛護。」

　　男人也需要學到，他可以想要參與兒子的生活。性別研究者和推廣者渥倫・法洛（Warren Farrell）建議，如果大家對於年輕男性能夠做什麼有更均衡的看法的話，這對大家都有好處，不只是對年輕男性有好處：

　　在女性運動之前，女孩學到家庭之船上，女性只能划右邊（養育孩子），男性只能划左邊（賺錢）。女性運動協助女孩長大成為划兩邊的女人，但是我們沒有類似的運動教導男孩，男孩長大了還是只會在一邊划船──只會賺錢養家。問題是什麼呢？如果我們的女兒試圖運用新能力，在左邊划船，而男孩只會在左邊划船的話，這艘船會一直打圈圈。只會轉圈圈的家庭之船遇到經濟不景氣的大岩石，比較容易沉沒。在過去，男人是家裡唯一賺錢的人，他可能在同一個公司工作一輩子。未來，進步的科技會讓經濟改變成為常態，家庭之船需要更有彈性──我們的兒子最後必須能夠養育孩子，就像現在我們的女

兒賺錢一樣自在。

只不過是幾十年前，男孩不但有父親，還有叔叔伯伯、祖父、表哥、男性世交與鄰居，形成延伸的、部落式的家族系統，提供非正式的社交支援。現在，臉書、推特、電玩社群和其他網路社交工具取代了這些功能──但其實是無法取代的。年輕男性需要更多「接觸」。他們需要知心朋友。當他們遇到低潮時，需要有人陪伴，需要有人感受得到他們的需求。如果他們之間有足夠的互動，不用開口求助，就能感覺到情緒改變。對任何人來說，開口求助都很難。大部份的人在大部份的時候都是如此。我們如果看到有人可能需要幫忙，就應該很警覺地主動詢問我們是否可以幫忙。因此，年輕男性需要有同情心的同伴與家人，可能注意到他需要幫助，並且提供幫助。當年輕男性對某件事情有貢獻或是達到目標了，也需要有人知道，給他讚美，建立他的驕傲與榮譽感。這也很重要。

媒體影響

身為男人，代表什麼呢？年輕男性去哪裡得到「何謂男子氣概」的資訊呢？我們調查的許多男性說，當他們誠實地做自己、有信心地做決定、積極追求夢想的時候，最覺得像個男人。男性天生就喜愛冒險探索，喜歡掌握事物。知道有人需要自己，可以給他動力。他們希望得到同儕的尊敬，尤其是別的男人的尊敬。這份尊敬來自他們本身，以及他們做的事情。

這份有意義的尊敬需要來自做一些事情讓別人的生活更

好，而不是來自看朋友中誰能喝更多酒，或是比朋友多做了些什麼傻事。不幸的，流行電影和電視節目上充斥著這些男性形象的蠢蛋行為，很少有其他選擇。

我們強烈相信電視節目可以僱用更多智商夠高的人。但為什麼大部份男性角色都是被睪丸酮素驅動的笨蛋、人渣偵探、癡迷主廚、吸血鬼、花心大少，或是擁有火辣妻子的肥胖男人？答案可能一點也不神秘。馬利蘭州大學（University of Maryland）最近一項研究顯示不快樂的人較常看電視。很有道理──看電視是被動的，電視讓人逃避，很容易忘記自己的人生。戲劇很能讓人分心。當你看著兩位導航員像小水族缸裡的兩條鬥魚似的決鬥，你覺得自己的人生沒有那麼糟糕了。不和諧似乎也很吸引人。列夫・托爾斯泰（Leo Tolstoy）在《安娜・卡列尼娜》（Anna Karenina）裡寫到：「快樂的家庭都一樣；但每個不快樂的家庭都用自己的方式不快樂地過日子。」看一齣關於快樂的人的戲，你就看過所有類似的戲了。

問題是，真實生活中缺乏好的模範，年輕男性變得很困惑，什麼行為是可以接受的男性行為，什麼不是呢？暴力與性是媒體兩大過度報導的話題，我們卻過度避而不談。因此變得特別不清楚。《遠離老虎》（Far Away from the Tigers）的作者，幼稚園老師珍・凱區（Jane Katch）說：「小男孩非常困惑……身邊看到的都是暴力，新聞、電視、電玩──同時，他們也得到訊息，好像男孩腦子裡常有的幻想一定是壞事情……我認為危險就在於，我們讓有這些想法的男孩覺得自己本身就是壞人。」

渥倫・法洛進一步闡述這一點，說許多年輕男孩不自覺地學到性比殺人還骯髒、糟糕。父母會讓孩子看殺來殺去的西部

片，遇到裸體或性的時候卻關掉電視或轉台。現在的許多男孩從網路上可以看到色情片生動的影像，這些影像對於「性是骯髒、沒有愛與情緒連結」的錯誤觀念並無助益。

到了十三、四歲，男孩得到的訊息是他們比女孩更想要性——或是認為主動想要性的女孩不值得信任——所以他們必須採取主動。很自然的，他們害怕被拒絕，因此動機受到抑制。電視和色情片裡的性降低了被拒絕的恐懼。如果年輕男性不認為自己是最棒的，就會認為自己最喜歡的女孩會拒絕他。看電視和色情片無需承諾，不可能被拒絕，卻提供了立即的滿足，減低一些恐懼。副作用就是也降低了學習技巧、吸引女孩的動機，造成男性和最終目標距離更遠。

有缺陷的福利系統

二〇一三年，美國平均有四千一百萬人每月接受社會福利，稱之為貧困家庭臨時協助（Temporary Assistance for Needy Families, TANF）或州補助計劃（State Supplemental Program SSP）。大部份是兒童。皮尤研究（Pew Research）最新研究指出百分之十八的美國成人此生曾經接受過補充營養協助計劃（Supplemental Nutrition Assistance Program, SNAP）或食物券（food stamps）的資助。其中，領過食物券的民主黨人是共和黨人的兩倍。女性是男性的兩倍（女性為百分之二十三，男性為百分之十二）。弱勢族裔是白人的兩倍。超過六十五歲的人最不可能領過食物券（佔百分之八）。教育程度較低的人——高中畢業或更低——是大學畢業生的三倍。

　　過去二十年來，提供給最貧窮的家庭的現金越來越少，而不是越來越多。每個人一輩子最多只能領五年。在最近的一次經濟危機中，很多人已經達到TANF的最高限制。無論你是否認為社會福利鼓勵非婚生子女、摧毀尋找工作賺錢的動機，或是不足以支持有需要的人，大部份的人都會同意目前的系統有許多缺陷。尤其是中央政府沒有投資足夠的公眾教育、職業訓練與支持、創造工作機會。不止美國，很多國家都迫切需要這些計劃。

　　目前的系統也不鼓勵單親媽媽建立穩定的雙親家庭，雖然有部份社會福利經費用來提倡這種家庭結構。健康與服務部（Department of Health and Human Services, HHS）裡的助理國務卿計劃與評估辦公室（Office of the Assistant Secretary for Planning and Evaluation, ASPE）調查顯示：

　　符合TANF條件的、有孩子的女性，是否和伴侶同居或結婚會受到TANF計劃規定的影響。動機受到影響的方式要看她想同居或結婚的男方的經濟資源，以及他和孩子的關係而定。會對動機有影響的TANF重要規定是關於資格審核的規定，基本經費如何發放、如何看待混合式的家庭、如何對待沒有血緣關係的同居者，以及工作上的規定。

　　女性如果和孩子的爸爸結婚或同居，福利可能減少或完全失去：

　　我們的主要發現是如果男性有經濟資源，TANF規則最不

鼓勵形成或維持親生家庭，同時最不妨礙，如果不是最鼓勵的話，形成非血緣的同居家庭。在親生家庭中，如果男方是所有孩子的生父，他就算是家庭的一份子，他的收入會被計算進去。在非血緣的同居家庭中，如果男方不是任何一個孩子的生父，他就不算在內，收入也不列入考量。還有，大部份的州政府不認為接受TANF福利的女性和她的孩子之非血緣同居者是家庭的經濟支柱。

之前的未成年兒童家庭協助（Aid to Families with Dependent Children, AFCD）系統允許州政府基於假設的母親性道德來審定領取社會福利的資格，用「合適的家庭」或「一家之主」的字眼讓許多黑人母親失去補助資格，目前的TANF結構事實上是在提倡家庭中有任何一個男人都好（無論種族），就是不要孩子的親生父親。

二〇一四年的英國，幾乎有百分之十一的十六歲到六十四歲的人申請失業補助。這個數字很高。其中很多都有單親家長。英國比大部份歐洲國家有更多的單親家庭，只有愛沙尼亞、愛爾蘭和拉特維亞更高。英國的一千八百萬單親家庭中，三分之一沒有工作或沒有找工作。平均起來，英國單親家庭申請的政府福利支援是雙親家庭的兩倍以上，成為貧戶的可能性也是雙親家庭的二‧五倍。社會正義中心（Centre for Social Justice, CSJ）估計「家庭破碎」的代價每年至少四百六十億英鎊，比整個國防預算還高。國會則只撥用三千萬英鎊來預防家庭破碎。CSJ也提到已婚伴侶在福利系統中面對的不利：

公眾服務可能不經意間抑制了家庭的形成，甚至鼓勵家庭崩解。父親常常覺得被社會服務排斥在外，服務大部份是針對母親和兒童，好像——某些案例——自動懷疑男性會家暴或虐待兒童。往往認為男性角色就是賺錢養家，而不是照顧關懷，或是認為正向的父職表現是額外的好處而不是應盡的責任。法律也進一步強化這個觀念，不要求新生嬰兒的出生證明上註明未婚父親的名字……任何接受社會福利的伴侶，如果想靠著同居省下房租和帳單的話，就慘了。賦稅和福利系統甚至不鼓勵父母在一起……如果兩個人都住國宅，想搬到一起的話，就會失去其中一間公寓——同居成為重要的危機。最後，英國賦稅系統不承認婚姻——最穩定的家庭模式——在社會、經濟和健康上的益處。這和歐洲各國以及更廣泛的經濟合作與發展組織（OECD）國家不同。

目前的系統無法協助脫貧，循環往往從一代持續到下一代。經過家庭崩解的兒童長大以後比較不會留在學校裡，也比較不會讀中學。教育程度低的人比較會依賴社會福利，比較不會進入職場或待在職場，結果就是更可能負債，永遠貧窮。

直升機父母

父母缺席的相反就是「直升機父母」——通常社經地位較高——不願意放棄控制孩子環境的權力，不願意讓孩子長大、發展韌性、找出解決問題的方法。紐約臨床心理醫生蘿莉・卡特里伯（Lori Gottlieb）在《大西洋月刊》（*Atlantic*）雜誌上寫到

父母在「孩子是否快樂」上所扮演的角色。她認為保護孩子，不讓他們成長時不快樂，事實上會剝奪了孩子成年之後的快樂。所謂的直升機父母就是總在監督孩子在學校的一切，確保孩子做對的事情。這種父母的產生，支持了卡特里伯的論點。佛蒙特大學（University fo Vermont）甚至聘請了「父母保鑣」，讓父母保持健康的距離。

雖然一開始的動機是好的，直升機父母的監視不但減弱了孩子的獨立性，也阻礙孩子靠著自己飛翔。這個問題在現代中國達到極端，產生了所謂的「母親保姆」。母親陪著必須光宗耀祖的寶貝獨子獨女去上大學，尤其是獨子。她們在學校附近租了房子，密切注意孩子的出入。在有些案例中，如果母親無法住在附近，父親又有要務在身，就請出「祖母保姆」來代行監督。

失敗是人生不可免且可貴的一部份，但許多父母不讓兒子學習到「有些時候，失敗是沒關係的」。沒有失敗的人生就是沒有冒險的人生。這樣的人生，是在朝著有把握的目標前進，而不是朝著最佳目標前進。他們之後會為此付出代價。一位大學男生在我們的調查中提出建議：

讓男孩從小就體驗失敗。當他們年紀大一些時，一旦遇到失敗，就不會像遇到世界末日一樣。我認為我的父母犯的錯誤就是我小時候，他們總是拯救我，不讓我失敗。我上大學時，最大的問題就是我從未學到如何從我的失敗中學習。我看到身邊的人一再失敗，因為他們似乎無法從失敗中學到任何教訓。

　　直升機父母的另一個觀念就是他們相信社區不再是安全的環境，不讓孩子參加街坊鄰居孩子之間的運動。孩子只能參加父母管理和監督的球隊，間接剝奪了孩子練習社交技巧、學習自行解決衝突的機會。我們通常花時間從大自然中改善自己的身體、心理和心靈，但是孩子們卻沒有學習到這一點。父母將恐懼的心態傳給了孩子，有效地讓孩子對戶外不感興趣。從二〇〇八年到二〇一二年，十六歲到十九歲的孩子是最不會去國家森林或野外的人──佔訪客總人數的百分之三而已。我們強烈相信，任何人經常接觸大自然，感覺自己是外在環境的一部份，都會提升自己的本性。處在森林裡、沙漠裡、山上或海裡，往往產生驚異的感覺，覺得自己活生生的。

同性戀父母

　　雖然同居父母不如完整婚姻的父母來得有效，同性戀父母的效能仍未被完整研究過。但兒童需要父母結婚，才能有最光明的前途嗎？如果有兩個同性的家長，關係就像結了婚似的，孩子從小就和他們一起生活，也會有相似的結果嗎？在美國某些州以及某些國家，同性婚姻是合法的，但是許多想結婚的同性伴侶仍然無法結婚。這意味著擁有同性家長的孩子中，有些成長在完整婚姻的家庭，有些則成長在家長同居的家庭，這些家長在技術上只是同居，但是或許提供了和婚姻類似的家庭動力與環境。

　　對於同性伴侶養育孩子的親職效能的研究極為稀少，同時也還未被徹底研究，目前的數據有衝突之處。一項頗受質疑的

研究發現同性伴侶撫養的兒童，日後如果發展同性戀關係的話，比成長於完整親生家庭的兒童更有可能吸食大麻和香菸、被逮捕、因為焦慮或憂鬱而接受諮商治療、看更多的電視。相對的，其他也有其限制的研究顯示同性伴侶的孩子和完整親生家庭的孩子一樣快樂、健康，性和社交發展正常，雖然他們比較可能被霸凌。美國心理協會（American Psychological Association）認為沒有科學理由相信光是靠著性取向，同性戀者就不適合當父母。

我們認為，當適婚年紀的男人越來越少時，會有越來越多的女人住在非傳統或雙性同居的家庭中，例如我們已經看到越來越多的非一夫一妻的安排了。有史以來，當女性過多時，婚姻和家庭的價值會比較低，婚外的性關係增加了，更受到公開談論，更被接受為常態。

家庭動力正在快速改變，我們尚未完全感受到這個演化的漣漪效應。另一方面，教育正以極慢的速度拖著腳步試圖跟上。我們接下來會討論這一點。

CHAPTER **9** ｜ **失敗的學校**

其實不是男生學業失敗，是學校系統失敗了。在每個學生身上，美國比大部份已開發國家花了更多錢，但是每一塊錢所獲得的成就卻更低。現在許多學校會根據測驗成績取得中央和州政府經費，老師為了測驗成績教學，而不是刺激學生的好奇心和批判性思考，也不讓學生學習原則或價值。長久下來，強調知識記憶的訓練不只讓學生深感無聊，降低學生心智，還可能降低老師的心智。

早在二〇〇〇年時，紐約市公立學校（New York City Public Schools）系統負責人哈洛・李維（Harold O. Levy）就說：「這幾十年來，老師的品質一直在下降，卻沒有人要討論這個現象……我們需要尋找更有力的方法，吸引最有潛力的人當教師。」確實有很多老師非常棒，但是一般而言，現在的教師沒有之前的教師那麼優秀，他們的學術能力測驗（SAT）成績是最低的三分之一。

優秀的教學當然不光靠智商，但是很棒的老師和很弱的老

師確實會對學生造成持續一生的差異。九歲時遇到好老師的孩子比較不會未成年懷孕、比較會上大學、一生中平均多賺五萬美金。這項研究若是針對任何年級，結果還是類似。

長期下來，因為投入教學的有形動機很少（薪水低、社會地位不高），許多教師逐漸灰心喪志，不願意努力讓教學吸引人或是和時事相關。因此，許多孩子光是憑著記憶知識得到老師的肯定以及學校要求的目標，變得越來越笨。教育不再專注於問題或解決方法，脫離了真實世界的挑戰。許多人認為，教育應該和現實有關。

學校還有什麼問題呢？有太多無聊的功課、太多家長太累或是根本不在家、家長不關心孩子的進步或學業問題，只在乎成績單上的結果。太多學校取消體育課和遊戲時間，學生沒有時間或地方發洩精力、沒有下課時和同學社交的機會，更缺少發展想像力的空間。經費有限，導致科學課程沒有實驗室、取消任何和創造力有關的課程、校外教學只去自然博物館。在教室中沒有挑戰，孩子上課時忍不住傳簡訊、逛網路，於是注意力轉移，沒有聽課。

三十年前的小學每天有兩次休息時間。現在許多美國學校每天只有一次休息時間，有些學校甚至完全取消遊戲或自由時間。在英國，學校總督學（Chief Inspector of Schools）麥克・威爾蕭爵士（Sir Michael Wilshaw）擔心體育課沒有足夠的運動量。他認為許多老師對學生期待很低。學生既不參與也未受到挑戰。有些學生甚至無法運動，因為老師總是打斷他們，或是花太多時間解釋新動作。男孩子用不完的精力無處釋放——除了教室。資歷比較深的學校行政人員告訴我們說，遊戲時間對於孩子發展

社會連結極為重要。這是他們交朋友的時機，社會族群在此也得以互動。

現在的幼稚園就像以前的小學一年級。男生的腦子發育和女生不同，他們比較無法接受現在幼稚園的密集閱讀練習。如果在男生腦子準備好之前就強迫他學習，他將得到不喜歡學習的制約。這不是我們的用意。童年早期的負面經驗使得他們抗拒、怨恨學習和學校。根據密西根大學（University of Michigan）的研究，自從一九八〇年，不喜歡學校的男生增加了百分之七十一。不喜歡學校是學業成績不佳的成因和結果。學校必須考慮到孩子學習風格的差異、獲得知識的不同速度，以及年紀與科目的性別差異。制式化的教育並不適合所有的人，可能更不適合男生。

在我們的調查中，一位女老師說：

我在美國教私立學校有十八年了。大多數的老師是女性，我發現學習環境比較適合女生，不適合男生，我們要求學生長時間坐著不動、要求學生在線條裡面著色……等等。男生比女生更常服用利他能（Ritalin）以及其它藥物，可能是為了讓他們在以女性為主的環境中更能融入。有人認為性別是社會建構出來的——大致上確實如此——這種觀念只會讓「理解身為美國男孩的複雜性」更為複雜。

二〇一二年，國際比較測驗結果顯示美國數學得到第三十六名，閱讀則是第二十四名。英國的數學排在第二十五名，閱讀則是第二十三名。這就是證據。大英國協（the

Commonwealth）的國家中，加拿大數學得到第十三名，閱讀得到第八名；澳洲數學第十九名，閱讀第十三名；紐西蘭數學第二十二名，閱讀第十四名。芬蘭是名次最高的歐洲國家之一，孩子要到七歲才正式受教育，但是在家裡學到很多。如果能夠考慮個人的年齡和性別差異，以及教材的選擇的話，早期教育效果很好。在蒙特梭利（Montessori）學校中，兩三歲的孩子也可以學會很多數學，甚至學會基礎科學原則。蒙特梭利學校強調觸覺（動手操作各種代表性物件，例如數字和事件），可以有效的讓知識進入孩子的腦袋，男生女生都一樣。

現在，以前的七十多分變成了八十多分——大家無法接受孩子表現「一般」——表現壓力是否讓男生放棄嘗試了呢？在我們的調查中，許多年輕男性說：「是的。」十二歲以下的男孩有百分之六十四同意「表現壓力和恐懼失敗讓年輕男性根本不想嘗試」。

在我們的調查中，一位中年母親有一個兒子和一個女兒，她說：

小孩子最難做到的事情之一就是專注。一旦孩子的專注力達到忍耐的臨界點，他就會開始坐立不安、動來動去。就是無法安靜好好坐著。他們會離開需要專注的活動。他們的身體和腦子都離開了，一顆心也飄走了。他們的腦子越成熟，就越能久坐專注。如果看到孩子開始控制不住、坐立不安，我立刻知道繼續教他們是無效的。如果繼續逼他們，孩子就會失去學習興趣。如果他們經常被逼著超過了專注的極限，他們就會抓住任何可以分心的事情以逃避學習。電玩很方便，也很吸引人。

很不幸的，電玩也會讓人麻木，社交孤立。

在美國，大家都認為可以用SAT成績來預測大學求學階段是否順利，而男生的SAT成績是四十年以來最糟的！英國的中等教育會考（GCSE）測驗中，幾乎四分之三的女生拿到A+到C的成績，只有不到三分之二的男生有同樣的成績。現在的受試者越來越多元，成績下降是可以預料的。但是所有不同種族和社經地位的男生成績都退步了。為什麼會退步呢？

在此引述公共電視網（Public Broadcasting Service, PBS）的文獻「學校的問題是什麼？」，適切地總結了這個情況：

- 一般而言，開始上學時，男孩比女孩動得較多，社交和語言能力較不成熟。因為男生比女生好動，所以比較無法長時間安靜坐著。（在此註記一下，學校的遊戲時間幾乎都消失了。現在孩子的戶外時間是八〇年代的一半。近年來，四萬所美國學校取消下課時間，只有百分之十二的州政府要求小學提供遊戲時間，只有百分之十三・七的小學生每週至少有三次體育課。）
- 現在的孩子從幼稚園開始學習閱讀，這個年紀的男孩比女孩較缺乏語言技巧，發育上不像女孩，還沒準備好閱讀練習。
- 一般而言，女孩的語言能力比男孩強。小學課堂上，五分之四的課程都以語言為基礎。因此，男生會覺得自己讀寫能力不佳，這個自卑感將成為他新的負面自我認同。

・男生比較擅長動手做的學習活動，學習效果比較好。但是學校不提供足夠的機會實際操作。還有，學校喜歡採用女生所喜歡的日記和第一人稱的敘事文字，不喜歡採用男生喜歡的漫畫和科幻小說。

・不到九分之一的老師美國是男性。英國則是不到五分之一。大部份小學老師是女性，關於「男性也應該努力閱讀」的正向男性模範非常少。我們還要指出，中學更是如此。

一旦上了大學，學生面對其他的挑戰。已故的史丹佛大學（Stanford University）溝通學教授克利福德・納斯（Clifford Nass）非常有名。他看到了數位生活普及的後果：

在世界各處都可以看到人們同時做好幾件事情，打電玩、讀電子信件、上臉書……等等。……在大學校園裡，大部份學生都在同時做兩件事情，或是三件事情……幾乎所有多工的人都認為自己擅長多工。我們有個大發現，猜猜看是什麼？你的表現其實很糟糕！結果顯示多工的人在多工的每一方面表現都很糟。他們一直分心。他們的記憶非常缺乏組織。我們的最新研究顯示，他們的分析思考比較差。我們擔心多工將導致人們無法好好地清晰思考。

這些人是世界上最聰明的大學生──史丹佛大學每年收到三萬件入學申請，只有一千五百名學生得到入學許可。如果連他們都無法多工，卻自認為可以多工，那麼，較不聰明的學生

可能有效地多工嗎？答案很簡單，不可能。

我們每個人都在強迫自己的腦子同時顧好幾件事情。我們可以同時開啟好幾個顯示器和瀏覽器，並且相信自己可以多工，我們不再遵循單一專注的心智傳統。事實上，如此一來，我們能記住的內容變少了。現在有許多圖書館減少開放時間，能夠專注而不分心地學習的地點慢慢將成為絕響。

專注努力才可能成功

另一個讓年輕人對學習不感興趣的元素可能是他們缺乏好的工作倫理。西方國家的家長不再重視教孩子的工作倫理。國際學生評估計劃（Programme for International Student Assessment, PISA）結果顯示，上海學生的數學和閱讀都名列第一。東亞其他地方，例如香港、新加坡、日本、台灣和南韓則緊接在後。中國學生嚴肅看待學習，家長和學校都決心訓練孩子邁向成功。有時努力過度了，例如「保姆媽媽」。數學名列第八的越南，一半家長會和老師一直保持聯絡，瞭解孩子的進展。

「只努力，不玩耍」的態度確實有其代價，例如我們之前提過的日本無性婚姻比例。在中國，十五歲到三十四歲的年輕人死亡案例中，自殺的比例最高，大部份都是因為年輕人在學校壓力太大、社會貧富不均的現象增加、畢業後就業困難。南韓和中國都有過度使用網路與電玩的現象，因此產生好幾百個治療計劃，以及集中居住管理的機構，全面控管睡眠、飲食和運動，讓個案（大部份是年輕男性）戒除上癮。很明顯的，家長和社會必須發展出一套平衡的作法，提倡年輕人在學校和職

場的工作倫理。前提當然是培養更均衡的孩子。家長可能對孩子有過度期待，要求孩子做到，過度壓力可能造成災難。相反的，英美兩國家長自由放任的方式則可能導致成就長期低落，不只是學校，也包括人生面對的挑戰。

出了學校，然後呢？

今天，所有人都認為科學、科技、工程和數學（STEM）四個科系保證就業。工程和科學系所頒發的學位中，從中國和歐盟來的學生幾乎是美國學生的兩倍之多。國家科學基金會（National Science Foundation, NSF）針對二十四個工業國家的調查結果顯示，以第一個學位是科學學位的是二十四歲年輕人比例而言，美國排名第二十。

凱西每日研究（Casey Daily Research）最近的研究也強調同樣的觀點：「智力資本」不但是就業市場最重要的元素，對國家經濟成長也是最重要的元素。為了保持競爭力，國家必須重視STEM學習，例如投資電腦、電子用品、生物科學、工程和其他發展快速的高科技，因為越來越多的工作需要高級技術。簡單說，就是文科學生太多了！

喬治城大學（Georgetown University）的一項研究列出失業率最高的大學主修科系（和受歡迎的科系交叉比較）：臨床心理學、各種藝術學系、美國歷史、圖書館學、軍事技術以及教育心理學，失業率都高於百分之十。STEM科系的失業率大約0至百分之三、天文物理和天文學是百分之0、地質工程和地球物理是百分之0、物理是百分之二‧五、地球科學是百分之三‧

二、數學和電腦是百分之三・五。身為心理學者，這些統計真是令人憂心啊！

STEM工作的薪水也較高。以大學畢業生而言，二十種最高平均中值收入的科系不包括文科。文科學位提供的就業機會非常少。但是泡沫還在逐漸變大。二〇〇九至二〇一〇學年度，有六十九萬非美國公民就讀美國大學。這是全世界最高的非公民大學生的比例，而且比十年前增加了百分之二十六。非美國公民佔了大學生的百分之二・五，研究生的百分之十，博士生的百分之三十三。非美國公民學生中，百分之十八就讀工程科系——幾乎是美國學生的三倍之多。

在我們問卷中選擇「美國的年輕男性將不會像其他第一世界國家的同儕一樣的有創新力與能力」的人可能已經正確的注意到這些現象了。我們不能忽視這些當代警訊，否則未來岌岌可危。我們相信英國也是一樣。

大學裡，有越來越多的女性，越來越少的男性

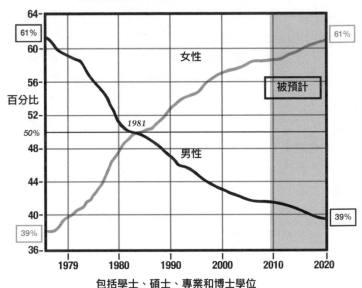

大學學位百分比
女性與男性，一九六六～二〇一九年

包括學士、碩士、專業和博士學位
資料來源：美國教育部（US Department of Education）
教育科學學院（Institute of Education Science），二〇〇九年

　　這個圖表是本書想要表達的訊息之最有力的視覺呈現之一──男性的學校表現大幅下降，女性的學校表現節節升高，甚至超越了之前的女性。

性教育和色情「教育」

　　網路色情容易取得，加上缺乏合適的性教育，使得許多年輕男性不知道他們在做什麼。他們未來面對女性時將遇到挑

戰，因為他們不明白色情資訊將如何影響或形塑他們的性觀念。對他們而言，「性」成為物化的經驗。我和某些男性聊過，當他們和伴侶在一起的時候，無法感覺自己的身體和另一個身體產生連結，必須靠著幻想做愛。

——性治療師瑟列絲蒂·赫區曼（Celeste Hirschman），和夥伴一起創立了「身體方法」（Somatica Method）

性教育和色情的差別就是：一個是現實，一個是幻想。年輕人可以在網路上找到許多色情幻想的資訊，卻少有符合真實性生活的資訊。我們不能說所有色情資訊都是壞的，但是如果年輕人在實際擁有性經驗之前，甚至是第一次親吻女孩之前，就經常觀看色情資訊的話——我們不得不懷疑這些資訊將如何影響他對正常，或合於現實的，性行為的看法。幾乎所有人都記得自己第一次接觸的情色影像，就像長明燈一樣，永遠儲存在我們的腦海裡。歐吉·歐卡斯（Ogi Ogas）和塞·噶甸姆（Sai Gaddam）解釋，首次的情色經驗會有長久的影響：

許多男性在首次的性接觸之後，似乎會形成迷戀……幾乎所有男性持續一生的性興趣在青春期即已形成。臨床專家表示，成年男性對視覺物件形成性癮的例子非常稀少。如果男性慾望機制只是制約的結果，年紀就不應該是重要元素。然而，似乎有一段特別的時間，男性會形成視覺上的性偏好——神經科學家稱之為關鍵時期。

在這個關鍵時期，男性如果觀看大量的網路色情資訊，可

能會得到意大利研究稱之為「性的厭食症」的徵狀。這項大規
模研究涉及兩萬八千名男性，其中許多年輕男性從十四歲開始
「過量觀看」色情網站，到了二十多歲，即使是最暴力的影像
「也習慣了」。如果年輕男性的性行為發展與真實生活裡的性
關係無關的話，問題就更糟糕。他們習於觀看色情影片，逐漸
養成較弱的反應，他們的性慾會降低，最後幾乎無法勃起。我
們自己的調查涉及兩萬多人，很多年輕男性說色情影片扭曲了
他們心目中的健康性關係，當他們和真正的女性相處時，色情
影片的「劇本」總是在腦海中迴響。然而，許多女性排斥劇
本，尤其是男性想要扮演某些情節，卻沒有事先溝通時。

　　當然，關於真實生活中的性關係，好的性教育與對話可以
扭轉這些態度。我們的問卷中，一位高中男生說：「我認為，
我們的社會允許電視播放血與暴力，卻不允許出現一點點裸
露，可能是因為清教徒態度的殘留價值觀。我們的社會應該更
瞭解性，不引以為恥，尤其是性比死亡和開膛破肚更為普遍，
也更有用。」

　　兒童第一次觀看色情影片的平均年齡是十一歲。公立學校
的性教育大約也在此時開始。美國的性教育大致分成兩種：禁
慾和全面性教育。禁慾主義者提倡婚前不要有性行為。全面性
教育也提倡禁慾，但是會教導學生如何避孕和防範性病。兩種
作法都不討論色情影片。根據二〇一〇年疾病管制與預防中心
（Centers for Disease Control and Prevention, CDC）調查，美國青少年
十八歲前幾乎都接受了正式的性教育，但只有三分之二學過避
孕方法。很驚人的，只有十三州要求性教育要符合醫學知識，
十九州要求教保險套或避孕藥，卻有三十七州要求教導禁慾。

英國政府要求小學要教人體結構、青春期、生殖的生物機
轉、如何用荷爾蒙控制和提升生育。英國政府並要求國中至少
提供性病與愛滋病的資訊。許多學生說他們的性教育課程「糟
糕」或「很糟糕」。許多人覺得自己無法好好面對性的生理與
情緒挑戰。根據二〇一三年的一項研究，一半以上的人說他們
在學校受到的性教育不足以提供他們需要知道的知識。更糟糕
的是英國有四分之一的學童完全沒有得到任何性教育。

　　一點不意外的，兩種性教育方式都無法達成目標。大家越
來越晚婚，美國男性平均二十八歲結婚，女性則是二十六歲；
英國男性平均三十二・五歲結婚，女性則是三十・三歲。與
此同時，英國有百分之三十的十六至二十四歲年輕人表示自己
十五歲或更小的時候就開始有性行為了；百分之八十八宣示禁
慾的青少年以及百分之九十的全美青少年在婚前會有性行為。

　　很顯然的，政治體系裡具有強烈宗教傾向的國家，例如美
國，會有壓力，必須全面地不重視「性」，好像性只限於婚姻
內，在有禮貌的對話中不公開討論這個主題。

　　《美國對「性」開戰》（*America's War on Sex:The Attack on Law, Lust
and Liberty*）一書的作者馬蒂・克萊恩（Marty Klein）認為，青少年
不懂得避孕，只會讓事情更糟。接受禁慾教育的青少年和其他
青少年擁有一樣多的性行為，只是比較不用保護措施。雖然禁
慾教育無法影響性行為，但仍會影響青少年如何看待自己的行
為。性教育不足、不了解自己身體的青少年，自我形象較差、
較不願意和成人討論自己關於性的感覺和經驗。調查顯示，有
過完整性教育的年輕人並不會比沒有性教育的年輕人擁有更多
的性伴侶。反之，性教育可以延緩性行為的開始，而且一旦開

始有性行為，會比較經常使用保險套，比較不容易意外懷孕，也比較不易感染性病。

在美國，擁有性生活的人口中的四分之一都是十五至二十四歲的年輕人，但這些人佔了幾乎一半的性病新個案。二〇一二年，一千位十五至十九歲女性中，有二十九‧四個人生產。這個出生率比幾乎任何一個已開發國家都高。二〇〇八年，估計有百分之八十四的墮胎女性都未婚。自從一九九〇年以來，墮胎率每年都在滑降。十五至十九歲的英國年輕女性每千人中有四十四‧二個人受孕，幾乎一半（百分之四十九）會墮胎，生育率是每千人二十七‧九，比美國稍稍低一點，但在西歐是最高的。雖然美國的青少女生產比例下降了，但是幾乎六分之五的青春期母親未婚。一九六〇年時，只有大約六分之一未婚。在英國，百分之五十七的懷孕屬於非婚生或同居受孕。

疾病管制與預防中心表示，青少女生育每年耗費政府三十億公帑以及六十億稅收損失。十五至二十四歲年輕人的性病直接醫療開銷估計每年約為六十五億。然而，花費在禁慾教育、懷孕／性病／愛滋預防和性教育、家庭計劃服務上的年度總經費只有八億七千四百萬美元。英國大約每年花費一億兩千五百萬英鎊提供青春期母親收入補助（不包括其它開銷，例如房屋和家庭稅的補貼）。光是看這些數字就知道，我們應該努力讓性教育課程更加有效。

學生也想要有更好的性教育，但是很不幸地，學生無法過問學校要給他們什麼資訊。公共資源很少，家長也幫不上忙，網路成為滿足青少年疑問和好奇心的主要資訊來源。色情網站十分容易取得，現在已經成為剛發芽的性需求得到性教育和滿

足的窗口了。

　　這一切現象中的一個複雜元素是在決定性行為時,青少年心中潛藏的時間感。許多青少年擁有「享受當下」的態度。許多青少年行為衝動,不顧及未來後果,看都不看就往下跳。而且他們很好奇,這是當然的。

　　無論如何,年輕人都會學到性知識,科技也不會消失,家長面對的問題是:你寧可自己給孩子性教育,還是讓商業(例如色情網站或其他媒體)利用你的缺席而成為孩子主要的性教育者?性教育不是光說「不要做」或「要有保護措施」。雖然保險套比禁慾誓言更不容易破裂,孩子有疑問的時候還是需要能夠與他對話的成人,以及隨時可以得到的資源。孩子十到十一歲時,家長必須開始和孩子進行關於性的敏感對話。

CHAPTER 10 ｜ 環境的改變

　　年輕男性比他們的父親和祖父更缺乏生殖力嗎？新的研究結論確實如此。愛丁堡大學（University of Edinburgh）生殖健康專家理查・夏普（Richard Sharpe）經由一連串同步研究發現，北歐有五分之一年輕男性精子量過低，影響生殖力。為什麼在短時期內有此戲劇性改變呢？華爾街日報（*Wall Street Journal*）發表了夏普的觀察，同時舉出澳洲其他研究，發現過低的精子數量和男性個案的大麻使用量、孕期母親抽菸、出生時體重過輕、童年體重過輕或過重有關。某些生活方式，例如喝酒、抽菸、嗑藥（包括合成代謝類固醇和古柯鹼）、壓力、肥胖、過度使用電腦或電玩，也造成精子量過低。

　　這些元素都很重要，但只是我們想要解決的拼圖裡的一部分。還有其他超出個人控制的因素。近年來，大家都注意到了生活環境中無所不在、造成破壞、改變荷爾蒙的化學物質，例如內分泌干擾素。

　　從受孕開始，直到死亡，內分泌系統，也就是荷爾蒙系

統，一直都在調節身體裡所有的生物過程，包括腦部和神經系統的發展、生殖系統的成長與功能、代謝調節與血糖多寡。內分泌系統由許多腺體（主要是女性的卵巢、男性的睪丸、腦下垂體、甲狀腺、腎上腺）組成，腺體產生並釋放的荷爾蒙進入血液循環，全身器官與組織表面的接收器認出荷爾蒙並作出反應。荷爾蒙就像是化學傳訊兵，和適合的接收器結合。一旦結合了，接收器就會執行荷爾蒙帶來的指令。有些內分泌干擾素模仿正常荷爾蒙，愚弄身體，使得身體產生過多或過少的荷爾蒙（例如生長激素、雌激素、雄激素、胰島素或甲狀腺素），因此破壞身體的自然平衡。

根據美國國家環境健康科學院（National Institute of Environmental Health Sciences, NIEHS），內分泌干擾素是各種自然及人類製造的產品中都有的化學分子，例如藥品、食物、食物罐頭、塑膠飲料瓶、清潔劑、化妝品、玩具、殺蟲劑，以及舊傢俱、地毯、汽車座位和床墊裡都可能用到的滅火劑——多溴聯苯醚（polybrominated biphenyl ethers, PBDEs）。這些產品可能含有戴奧辛（dioxin）或類似物質、多氯聯苯（polychlorinated biphenyls）、DDT以及其他殺蟲劑、鄰苯二甲酸酯（phhtalates）或雙酚 A（bisphenol A, BPA）之類的塑化劑。這些濃度不明的物質可以干擾身體的內分泌系統，對所有動物，包括人類的免疫、生殖、發育和神經系統造成影響。

遠在一九五〇年，西歐・科本恩（Theo Colborn）、戴安・杜曼諾司基（Dianne Dumanoski）和約翰・邁爾斯（John Myers）合寫的書《被偷的未來：我們正在威脅我們的生殖力、智力和生存嗎？一個科學偵探故事》（*Our Stolen Future: Are We Threatening Our Fertility,*

Intelligence, and Survival? A Scientific Detective Story）裡就提到，研究家已經注意到DDT可以阻礙公雞的性發育（化學閹割），以及其他各種性異常。自從那時起，北美洲和歐洲發生了越來越多的事件，鳥類、水獺、鱷魚和魚因為接觸到PCBs——幫電器隔緣的化學物質，以及其它合成化學分子，而發生明顯可見的荷爾蒙和生殖異常現象。

二〇〇二年，茱莉·威克菲爾德（Julie Wakefield）在《新科學家》（*New Scienmtist*）發表一篇文獻，提到一九八〇年代，阿拉巴馬州（Alabama）桑福德大學（Samford University）魚類生物學家麥克·郝威爾（Mike Howell）觀察到，佛羅里達州（Florida）的母食蚊魚長出雄魚交配時才有的特大尾鰭。進一步調查發現魚群上游是紙廠。威克菲爾德發表文獻的一年前，郝威爾和他的研究團隊分析了另間紙廠下游受到汙染的河水，發現了雄激素，尤其是雄烯二酮（androstenedione）。這是睪丸酮素以及健身者愛用的一種身體類固醇前身。在這個例子裡，紙廠排出木材中的固醇，被水裡的細菌轉化為雄烯二酮。郝威爾猜想，或許類似的生物過程會釋放更多雄激素到環境中。威克菲爾德更進一步表示，我們不應該只關心雄激素，也要關心抗雄激素——體內防止雄性荷爾蒙正常作用的化學分子。抗雄激素能夠制止睪丸激素的製造、阻礙睪丸激素和細胞的溝通、甚至破壞睪丸激素刺激產生的基因活動。威克菲爾德表示：「這個現象令人擔心，因為睪丸激素對男性性器官正常發育極為重要。」。

最大的未知就是內分泌干擾素累積的影響。二〇〇五年，在華盛頓州立大學（Washington State University）主持研究室的麥克·斯金納（Michael Skinner）用懷孕的老鼠做了一項實驗，讓我

們明白生物指令如何傳給後代。他讓老鼠接觸殺菌劑，觀察胎兒的性別如何受到影響。雖然他和他的研究夥伴發現雄性子代的精子數量減少、生殖力降低，但是並未發現性發育異常。之後，研究者之一誤讓接觸殺菌劑母鼠的孫輩交配，產生了第四代老鼠。斯金納告訴她，乾脆也分析一下這些老鼠好了。結果令人吃驚。接觸殺菌劑的懷孕母鼠的第三代雄性子孫就像他們的祖父一樣，精子數量也很低。研究者還發現了其它現象。

　　珍寧・英特蘭蒂（Jeneen Interlandi）在《史密森雜誌》（*Smithsonian Magazine*）解釋道，接觸到毒素的懷孕母鼠——曾祖母——的甲基（methyl group）分子模式改變了，附著在胎兒生殖細胞的DNA上。這些生殖細胞最後成為老鼠的精子或卵子。她說，「就像毛衣上的毛球」。這些甲基分子破壞DNA功能，而且會一代傳給一代，讓他們生病。斯金納認為，未來醫學診斷可以篩選甲基模式，由此推論祖先是否曾經接觸現在危害子孫的化學分子。美國環境保護局（Environmental Protection Agency, EPA）批評他的研究，認為對化學分子的危機評估並無重要性，因為化學分子的劑量被過於誇大了。無論如何，這項研究仍然值得深思。毫無疑問，未來的研究將協助解開這種基因遺傳的神秘。

　　總之，環境中這些一直存在的、可能有生物累積性的有毒化學分子可能具有短期和長期影響，需要獨立研究團隊做進一步的研究。許多研究無法做出定論，並且長期且致死的疾病越來越多，在在令人憂心。例如，全球睪丸癌的比例是一九六〇年代的兩倍，尿道下裂的比例也提高了。尿道下裂是一種天生缺陷，使嬰兒的陰莖無法正常發育，尿道開口長

在不正常的位置。

　　在丹麥，一九四〇年代到一九八〇年代之間，睪丸癌增加為三倍。丹麥研究家尼爾斯‧史卡基貝克（Niels Skakkeback）發現多項生殖問題，例如睪丸癌、生殖器官異常、過低的精子數量都同時增加。他和他的團隊認為原因來自睪丸發育不全綜合症（testicular dysgenesis syndrome, TDS）。史卡基貝克認為得到睪丸發育不全綜合症的人可能在子宮中就受到影響。他說，如果荷爾蒙干擾素抑制細胞變成精子的正常過程，就可能讓人不孕或得到癌症。研究顯示孕婦和新生兒對這些化學物質的影響最為敏感，因為這時器官和神經系統剛剛開始形成。

　　根據加拿大環境（Environment Canada）科學家米倫‧亞賴依（Mehran Alaee），北美洲的PBDE濃度每隔兩年到五年就增加一倍，美國和加拿大母乳中的PBDE濃度是瑞典母乳的四十倍。瑞典政府較為關心內分泌干擾素。近年來，英國室內灰塵和空氣中的PBDE濃度不斷提高，但是科學家尚未好好研究對身體造成的負擔。西門菲莎大學（Simon Fraser University）研究家布魯斯‧蘭菲爾（Bruce Lanphear）發現，懷孕初期接觸過高劑量PBDE的婦女所生的嬰兒智商較低，和環境鉛中毒的毒害程度相仿。

　　現代的肥胖潮流也加劇問題，身上脂肪越多，越可能儲存毒素。威克菲爾德說，大部份化學物質不會被身體排出，而是儲存在體內脂肪裡。真正的問題是當身體脂肪解體時，囤積的毒素就會被釋放到血液中。威克菲爾德說：「沒有人知道這些化學分子會如何彼此反應，對我們健康會有更多或更少的影響。」消費者和健康官員都應該覺醒了。消費者有消費能力，官員則有責任保護公民。

CHAPTER 11 | 科技的魅力與刺激上癮

　　科技挑戰我們是否能堅持人類的價值，也就是說，我們需要先想清楚科技是什麼。這並不容易。科技既不好也不壞。科技強而有力，並且很複雜。我們需要好好運用科技，學習科技能做什麼，但也要問：「科技在對我們做些什麼？」我們將很緩慢地找到平衡，我認為會花很久的時間。

—— 雪莉・透克（Sherry Turkle）

　　《魔戒》（*The Lord of the Rings*）作者托爾金（J.R.R. Tolkien）用「魅力」一詞描述人類完全融入第二世界[9]的狀況。他說：「你越認為自己真的身處第二世界，你的經驗就越像做夢……但是……在你的夢中，交織著其他人的心智。這個令人警覺的認知可能不受你的控制。」托爾金瞭解，我們可能迷失在故事裡。我們以前只用文字書寫或口頭傳述故事，現在經由視覺刺激傳述時，我們變得非常容易陷在虛擬世界裡。當我們考慮到

9　譯註：此指人類幻想的世界。

這個現象，托爾金的啟示就很令人擔憂了。

語言與閱讀不像網路遊戲的虛擬世界，語言的結構以及閱讀的緩慢使得我們不容易陷在其中。比如說，書籍除了解決懸疑或是瞭解訊息的意義所得到的滿足，並沒有其他回饋系統。讀完一頁文字的時候，不會得到電玩裡的排他性、地位或獎勵作為回饋，也沒有色情影片帶來的高潮——除了像《格雷的五十道陰影》（*Fifty Shades of Grey*）之類的情色小說，或許還有一點共同性。

當我們投入刺激的虛擬環境裡，許多資訊需要我們立即注意，心智負擔過度使用我們的短期記憶，卻沒有什麼資訊進入長期記憶。高度的心智負擔會放大分心的現象，讓心智更難分辨重要和不重要的數據。心智忙於處理不斷冒出來的資訊、廣告和超連結，將更多腦力用來評估是否要點閱這些連結，較少用來瞭解內容是否重要。觀看色情影片可能妨礙短期記憶——尤其當刺激程度更高時（需要自慰）——這也是為什麼許多長期浸淫在色情網路中的年輕人會缺課或忘記赴約。

書籍和電影可能讓讀者的心智到了另一個世界，但不會像在遊戲化[10]的虛擬世界裡扮演電玩角色一樣的提供同樣的滿足或成就感。經由色情影片，年輕男性可以嚐到君王般擁有後宮的滋味，電玩則讓他們嚐到當英雄或壞蛋的滋味，卻不會有真實生活的持久性後果，不需要危及生命或缺腿斷腳。怪不得許多年輕男性認為網路色情與電玩的世界，比真實人生的日常生

---

10 遊戲化（Gamification）：一詞指的是設計好的系統，用獎勵、回饋、公開的地位圖表（領袖排名、進步記錄、升級、朋友數量計算）提供玩家動力、激發競爭心理。

活更為刺激。

當玩家達到更高層級或是獲得某個特定技巧，電玩就會
定期提供虛擬獎勵。一九四〇年代，心理學家斯金納（B.F.
Skinner）在他特別設計的「斯金納盒子」裡，鼓勵鴿子不斷按
鈕以得到額外食物。電玩的獎勵時間表完全吻合斯金納的操作
制約（operant conditioning）。得到正增強的行為會被不斷重複，
尤其如果正增強的頻率有變化的時候。打電玩時，玩家不斷努
力、獲得技巧之後，就一定得到獎勵。

有些遊戲的設計會在達到目標的路上，不定期地給玩家獎
勵。這些遊戲和誘餌與開關的技巧相似，只在某些時候獎勵行
為，以便保持玩家的興趣。偶爾施加一些處罰──例如取消稀
有的武器──也可以有效控制玩家的行為，讓他們有動機改善
技巧，才不會犯同樣的錯誤。

哈佛醫學院（Harvard Medical School）的臨床心理醫生，心
理學助理教授瑪麗莎・歐查克（Maressa Orzack）發現，電玩中
的角色發展和獎勵系統確實是設計者刻意放進遊戲中的操作制
約。《遊戲上癮：經驗與影響》（*Game Addiction: The Experience and
the Effects*）作者尼爾斯・克拉克（Neils Clark）和莎旺・史考特（P.
Shavaun Scott）認為，問題是「原本受到內在動機驅使而追求成就
的人，可能變得依賴外在獎勵，失去成就人生的內在動機。」

現在，到處都是這些刺激與制約，使得問題更加嚴重。每
天二十四小時，隨時都可以經由電腦、筆記型電腦、手機、電
視、平板電腦等等設備，接觸到網路、電視、電玩和色情網
站。為什麼男孩會比女孩更容易陷在這些誘人的世界中呢？其
中一個原因就是我們總是告訴男孩，他們的內在心智世界──

充滿性與攻擊——是不被接受的、是可怕的，因此他們的自然衝動得不到其他出口。這些都讓男性更不願意貢獻或參與真實世界的事情，也不願意維持複雜的社交關係，因為社交關係中有許多層次的語言和非語言的符號。

與我們面談的一位年輕男性說：

比起色情網站和電玩提供的立即滿足，其他事物例如女人、肢體活動和學校都顯得不那麼有趣。現在的年輕男性無須離開電視或電腦，就可以立即得到無限的娛樂。這兩樣活動提供的各種刺激可以讓人對其它活動毫無興趣（我也要說，大麻和其它藥物會讓慾望更低）。

蓋博·狄姆（Gabe Deem）以前對色情影片上癮，現在已經痊癒，並到德州各處演講、輔導青少年。他也說了類似的話：

我一直覺得電玩和色情網站很棒。除了它們給我帶來的樂趣之外，電玩也滿足我的競爭心和內在想要創造些什麼的動機。我不想找個好工作、組織家庭、參與社區，我想要改善我在網路上的排名、帶領我的遊戲團隊、把時間全花在跟我從來沒見過的人聊天。

除了色情網站帶來的樂趣……嗯……我其實只是為了樂趣看色情影片。我向來不是因為有什麼人生議題才使用色情網站或電玩。我使用它們，是因為容易取得，而且很有樂趣。我完全不知道它們可能對我造成心理上的負面影響。年輕的時候，我幾乎一直有女朋友，我的童年沒有創傷經驗，我從未被虐

待，家族裡沒有人上癮。

有些人稱我為「現代上隱者」，擁有無限量的過度刺激，長年過度使用，於是上癮、麻木。我不是「典型的上癮者」，他們為了「減少人生痛苦」而有某種行為或濫用藥物。我則是為了「享受人生樂趣」而有這種行為和上癮。

常常有人誤解，以為色情影片上癮的人一定有他想逃避或療癒的人生議題。我不是，我認識很多看很多色情影片、玩很久電玩的人也不是這樣。我的「議題」來自上癮。

我們經常進行的習慣會回饋到腦中，不但形成行為模式，也形成神經電路上的心理改變。尼古拉斯・卡爾（Nicholas Carr）在《表面》（The Shallows）書中討論到我們的腦子有多麼容易受到影響，多麼善於適應新的刺激。他說：「幾乎所有的神經電路……都可以改變……我們年紀越大，彈性越小──腦子確實會卡住──但是永遠在那裡。我們的神經元總是在打斷舊有的連結，形成新的連結，總是在創造全新的神經細胞。」

基本上，腦子可以隨時調整，修改它執行任務的方式。這就是神經的彈性。不過，即使腦子有很強的彈性，腦溝越深，行為就越根深蒂固，越難經由重新訓練來修改行為模式。卡爾舉出幾個有意思的例子。一九七〇年代，生物學家埃里克・坎德爾（Eric Kandel）用一種名為海兔（Alysia）的海蛞蝓示範神經突觸的連結可以改變。他發現即使是很輕的碰觸，海兔都會反射的蜷縮起來。如果不傷害海兔，但不斷的碰觸它，海兔會很快習慣了，蜷縮的本能會消失。坎德爾觀察海兔的神經系統，發現當海兔學到這種行為（或缺乏行為）時，感到碰觸的感官

神經元和讓鰓蜷縮的動作神經元之間的連結也減弱了。實驗一開始時，鰓中百分之九十的感官神經元和動作神經元有連結，碰觸四十次之後，只有百分之十仍有連結。坎德爾以這套實驗及其延伸的理論贏得諾貝爾獎。

哈佛醫學院神經研究者艾爾瓦洛・派司奎爾─里昂（Alvaro Pascual-Leone）進一步提供線索，讓我們看到，我們的感知如何影響我們腦中的連結。他請了一批從未彈過鋼琴的志工，教了他們一段基本樂曲，然後分為兩組。接下來五天，一組人每天在鍵盤上練習幾小時。另一組人只是花同樣長的時間坐在鍵盤前，想像自己在練習──不碰觸鍵盤。派司奎爾─里昂用經顱磁刺激（transcranial magnetic stimulation, TMS）全程追蹤參與者的腦部活動，發現兩組人展現同樣的腦部改變。也就是說，用想像練習彈琴的人只因為想像──沒有採取任何外顯的行動──就改變了自己的腦子。在這個例子中，想像本身就足以改變腦子了。坎德爾和派司奎爾─里昂的研究顯示，只要短時間的制約，重複的熟悉經驗就可以讓腦子習慣了。

當我們想到，多麼容易就可以讓人習慣對螢幕上的畫素產生性反應，這種制約的意義相當驚人。不過，對於那些希望克制自己的腦子，不要對現實生活中的伴侶有過多慾望的人，這種制約倒是可以提供一些安慰。好消息同時也是壞消息。經過重複經驗之後，腦部神經元之間的神經連結越來越強，越來越多，釋放出更多的神經傳導物質，腦子對較不熟悉的經驗也變得更無法反應了。

很多看過菲利浦TED演講的人說，色情影片和電玩不應該混為一談。遊戲玩家不一定愛看色情影片，反之亦然。在很多方

面，二者明顯的是不同的東西，但是二者也有許多不那麼明顯的特質。二者都有娛樂性，有趣又有用，但也都很浪費時間，對某些男性可能在心理上和社交上有破壞性。我們擔心過度使用色情網站或電玩的年輕男性會有社交孤立的問題。我們認為，每天花四小時或更多的時間單獨打電玩就是過度使用了。目前並沒有過度使用色情網站的指標。我們在本書介紹中提到過，色情影片的影響較為抽象，要視他的反應而定。

電玩和網路色情都是社會中較新的數位娛樂。相關企業越來越整合，對玩家越來越具有吸引力。《電玩上癮》（*Hooked on Games*）作者安德魯·督恩（Andrew Doan）指出：

結合了性與色情的電玩可能大為流行，目前已經看得出來這個趨勢了。《第二人生》（Second Life）互聯網有兩千多萬玩家，超過一半的人積極參與遊戲……有人提供虛擬伴遊服務，賺了不少錢，收入甚至達到六位數。白天，女性可以是母親、律師或其他專業人士。到了晚上，她的聲音透過化身，提供男人虛擬伴侶和虛擬性愛，一小時收美金二十元。

加州新創企業罪惡機器人（Sinful Robot）曾經幫3D科技公司眼洞裂痕（Oculus Rift）設計虛擬性愛遊戲，電玩眼罩完全遮蓋住玩家的全視野，有點像滑雪面罩。這家公司於二〇一三年解體，但是相信不久的將來，別人也會創造出虛擬性愛的全體驗式3D遊戲。

情色和動機都源自興奮。只要有慾望，興奮就會朝向性的方向發展。只要有勝利的需要，興奮就會帶著玩家走向設定目

標、取得長期成就的道路。現實生活在各方面都必須和數位生活競爭。色情網路和電玩隨手可以取得，沒有負擔、好玩、有娛樂性。許多年輕男性往往選擇數位生活，而不要實體存在的生活。

　　我想到了《飛出個未來》（Futurama）的《我與機器人約會》（I Dated A Robot）那一集。年輕人佛賴（Fry）意外飛進三〇〇〇年，創造了貌似劉玉玲（Lucy Liu）的機器人，任務就是無條件地愛他。很快地，他對一切都失去興趣了，只想跟機器人在一起。這時，他的朋友出手干預，給他看一段警告人類與機器人談戀愛的宣傳影片。在這段影片中，主角比利（Billy）迷上了貌似瑪麗蓮・夢露（Marilyn Monro）的機器人。比利一心只想跟機器人做愛，即使美女鄰居梅維絲（Mavis）邀請他去她家約會，他竟然說，過一條街去她家太遠了。影片旁白說：「你注意到出了什麼錯嗎？」旁白說，比利應該努力送報賺錢，約梅維絲出去，或許有機會做愛，生孩子，「但是在這個世界裡，青少年可以和機器人約會，他幹嘛找這個麻煩呢？」當然，不久之後，外星人就毀滅地球了。

　　在數位世界裡，現實世界的所有社交需求幾乎都有相對應的替代品，但是我們還不清楚數位替代品是否可以同樣提供滿足。馬斯洛（Abraham Maslow）的需求層次理論（hierarchy of needs）用金字塔描述人類發展階段，把最基本的需求放在最下面。最基本的兩層心理和安全需求都必須實體發生。但是，馬斯洛層次最上面的三個需求──歸屬、愛和自尊、自我實踐──是否可以在數位世界完成呢？一個人可以在數位世界中得到一樣的滿足，或更能得到滿足呢？答案是兩面的。當然，某些需求可

以在數位世界得到滿足，但是滿足需求的行為沒有後果，而且往往是在社交孤立中完成——好像只是真實人生的彩排似的——獨自打電玩的人很可能滿足了他的自尊需求，卻完全沒有實體的歸屬感，也無法滿足愛的需求。

玩家或許覺得他們「破解了馬斯洛」，但是副作用卻很大：覺得自己有權利，卻無法和別人建立關係。我們的問卷中，有一個人說：電玩讓你「身處虛擬的成熟狀況，卻沒有任何後果。你覺得強而有力，『很有經驗』，卻沒有在現實生活中達到成功之前的失敗經驗。」所以，玩家可能在一個世界裡很紅，變得有優越感，但是大部份的人根本不知道他是誰，也不知道他的「成就」有多高。並且，我們必須滿足了其他需求，才能達到自我實踐。缺乏親密感和缺乏欣賞別人的能力創造出扭曲的、不是基於任何共同社會現實的自信和自我實踐。

馬斯洛的層次

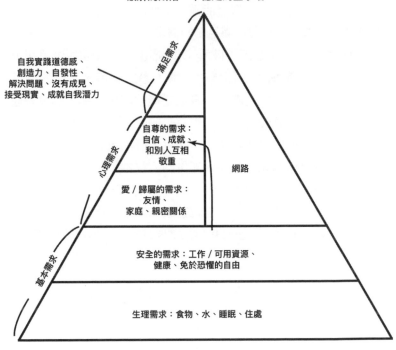

妮基塔·庫隆布（Nikita D. Coulombe）與菲利普·津巴多（Philip Zimbardo）

一位二十五歲男性玩家跟我們說：

玩家心態是非常精英主義的，實際上是一種混合了優越感和自卑感的心態。很多人在「外界」感到自卑，所以必須補償。他們在網路上扮演剽悍的角色，才能覺得有優越感。如果

你搞砸了遊戲，很多人會嚴厲地譴責你。以前大家還會常常說
「玩得好！」，現在幾乎沒有人這樣說了。看到別人失敗，大
家都喜歡取笑他，指出他的錯誤。即使是很接近平手的勝負，
對手也可能叫你卸載遊戲，或是說「贏得超輕鬆」，就只是為
了惹火你，看你發脾氣。他們也可能集體霸凌你，把你放在低
位階，讓你的遊戲跑得很慢。這不是因為你是廢物，他們就是
要把團隊的失敗怪在你頭上，或者是別的隊友不喜歡你。在
《遺蹟保衛戰》（Defense of the Ancients, DotA）或我玩過的其他遊
戲裡，常常看到這種態度，而且不限於大型多人在線遊戲。

　　我們問他，遊戲裡的優越感如何轉移到現實生活中？他說
很多玩家的社交能力其實很低，卻覺得自己在遊戲中像是雷霸
龍‧詹姆斯（LeBron James，NBA籃球明星）。他說他們真實世界
的社交仍然常常碰壁，網路上的角色與現實生活中的名聲差距
越來越大，使得他們更沉迷遊戲，在遊戲世界中精益求精，因
為在網路上比在現實生活中更容易獲得成就。

　　史丹佛大學（Stanford University）虛擬人類互動實驗室（Virtual
Human Interaction Lab）主任傑若米‧貝蘭森（Jeremy Bailenson）以及
同事尼克‧易（Nick Yee）將「根據數位角色調節個人真實生活
行為」的現象稱之為「變形效應」（Proteus Effect）。正面而言，
我們已知變形效應可以協助人們改善嗑藥和酗酒的問題，並且
在虛擬空間參加同儕聚會，得到支持，以克服真實生活的上癮
症。這個做法可能有效，尤其是對於很難去參加實體治療中心
的人。負面而言，可能創造或加強過度膨脹的自我意識，和現
實生活的挑戰產生衝突，妨礙個體化，並操控他的思考方式。

在真實生活中，大家彼此互動時會自動模仿對方講話方式和姿態。在一項研究中，貝蘭森、易和杜清諾特（Ducheneaut）發現，如果虛擬世界的化身可以模擬玩家說話時的頭部動作，玩家比較會同意化身的意見，而比較不會同意隊友回饋的意見。另一項研究顯示，如果化身的臉融入了百分之二十至四十的玩家的臉部特質，臉部的相似性是強有力的暗示，使得玩家更容易被化身說服。即使在極受重視的選戰遊戲中，臉部的相似性也可以影響玩家選擇哪一位政治候選人。遊戲角色的吸引力，甚至衣服的顏色或風格，都可以改變玩家如何看待自己。無論是遊戲內或遊戲外的世界，都會影響他們和別人的互動。

除了虛擬自我和真實世界的標準互相撞擊之外，我們並不知道兒童在現實與數位世界之間移動時適應得好不好。紐約任務學習（Quest to Learn）學校的設計主任凱蒂·莎倫（Katie Salen）說：

大家談到虛擬世界和真實世界的差別，擔心年輕人無法區分二者。我認為「區分」是成人的概念，這一代的成人成長時沒有虛擬世界，虛擬世界是新的事物，附加在真實世界裡。而兒童則能無縫接軌的在數位和真實世界之間轉換。

貝蘭森說虛擬世界和現實之間的差別越來越模糊了，簡直可以互相交換。在紀錄片《數位國度》（Digital Nation）中，貝蘭森創造了主持人道格拉斯·羅斯克夫（Douglas Rushkoff）擬真的化身：

在一項研究中，我們讓你比實際高了十公分，然後讓你和某人協商。身高增加十公分會使你在虛擬世界進行協商時更容易打敗別人（成效是原來的三倍）⋯⋯無論我們的真實身高如何，當我們進行面對面協商時，你仍會贏過我⋯⋯在虛擬世界待了一小段時間之後，面對面的行為也受到影響⋯⋯我們針對兒童做了研究，讓他們看到自己在虛擬世界與鯨魚一起游泳。一週後，一半的兒童會相信他們真的和鯨魚一起游泳過。

這讓我想到「出水之魚」這句話。魚不會注意到自己在水中游泳。兒童在數位時代長大，虛擬的「水」看起來、感覺起來都像真正的「水」。習慣了人工虛擬世界的幼小眼睛可能無法分辨真實生活和虛擬媒體裡的元素。

色情影片的動力

一九七五年電影《愛與死》（*Love and Death*）中，伍迪·艾倫（Woody Allen）說：「沒有愛的性是空虛的存在，但是以空虛的存在而言，性是最棒的了。」是嗎？色情影片在當下可能令人滿足，但是我們也必須考慮之後的負面影響。

我們的問卷中，有一位高中男生分享了他的想法：「我認為色情影片和電玩隨傳隨到的樂趣、滿足、控制和壓力釋放使我們耐心降低，對事物有不切實際的期待，讓我們社交無能。」

色情影片毫無遮掩的呈現物化的性，目的是刺激性興奮、提供性滿足。不像藝術或情色文學，現代色情影片很少有任何

藝術性，完全專注在性的視覺肢體表現，而不是親密帶來的美感、感覺和情緒。有史以來，一直都有關於性的描述，但是直到十九世紀後期以前，色情的概念並不普遍。一八六〇年代，龐貝城（Pompeii）大規模的挖掘引發了人們對於何謂色情的討論，許多發掘出來的情色物件被運到私人博物館裡，供有錢人觀賞。

　　一八九五年，人類發明了電影。很快的有人開始製作色情影片。隨後，性的露骨表現被視為色情，明文禁止公開播放，一直到了一九六〇年代才有改變。長期在《紐約客》（*New Yorker*）雜誌發表漫畫的大衛・西普斯（David Sipress）用一張漫畫傳神的描述了這個現象。圖中一位老人正和兒孫說話，兒孫都在用筆記型電腦。他說，自己在他們的年紀，「想看色情圖片時，必須在冰雪中騎腳踏車十英里去一家店裡，才看得到。」時代不同了。

　　今天，網路的匿名性讓任何地方的任何人不需要和別人互動，就可以取得並觀賞色情影片。技術上，色情網站只開放給十八歲以上的成人，但是執行「社群標準」非常困難，尤其是在網路上。大部份的人會同意不應該讓兒童看到強烈的色情影片，但是很難限制——自願或非自願——兒童取得通路，更不容易強制執行了。

　　色情工業雖然獲利幾十億美金，但是高階主管仍說，因為經濟不景氣、盜版和網路上免費或便宜的色情網站林立，他們的生意並不好。

　　以往，旅館房間裡的成人娛樂電視和錄影帶銷售帶來巨大獲利。現在市場改變了，大家比較喜歡網路提供的、便宜、匿

名的通路。只需按鍵即可連結到色情網站了。科技也讓人更容易進入色情工業。任何想在鏡頭前做愛的人都可以成為色情明星。只要能夠吸引觀眾，女人或少女可以成為收入可觀的色情明星。

　　年輕男性可以靠著觀看色情影片得到性教育嗎？以某種角度來說，當然可以。他們可以學習到，性行為能夠有很多變化，終其一生都可以經由雙方同意，和夥伴做各種新的嘗試，持續不斷地獲得愉悅感。除了這一點之外，觀看色情影片的結果往往是自尊受傷，因為我們會假設看到的是正常現象，是唯一可以接受的表現方式，是和夥伴互動的適合方式。最糟糕的是你看到了大小不但重要，還是一切的重點。

　　英國學生問卷中，有幾位年輕男性表示：

　　毫無疑問，我相信色情影片造成男孩的焦慮和不切實際的期待，性教育完全沒教這些（至少是以我的經驗而言）。所以男孩會自己探索，如果自己看起來不一樣，就覺得自己不夠男性化⋯⋯

　　他們（在色情影片中）看過女生在男生高潮之前有好幾次高潮，如果女生比較安靜，或沒有達到高潮，（男性朋友）會很失望⋯⋯如果男生的活力只能維持幾分鐘，而不是她們在色情影片中看到的那樣長達半小時，女生⋯⋯會失望。

　　我目前沒有接受性教育。但是我相信網路上的色情影片創

造出對性的不切實際的期待，因為色情影片鼓勵某些完全不能代表一般人的「色情明星」形象。這不但破壞年輕人的自我形象，令他們沮喪，而且損害了大家對性的看法，因為影片強調自私的樂趣和外貌的吸引力，無視對伴侶的情緒依附。

幾位年輕女性也分享了她們的觀察：

我修了一堂女性研究課程，內容強調媒體對女性身體的自我形象的影響。確實如此。但是教授認為媒體對男性沒有同樣的影響，讓我很生氣。我男朋友和我一開始約會時，在我們的關係中，他一直對「性」很有困難。結果他決定去接受治療，解決一些他面對自己身體的議題，以及他在性上是否能滿足我的議題。我認為這一切和媒體有關，例如電玩和色情影片裡所呈現的男性氣質，以及需要什麼條件才能有性吸引力。色情網站描繪了這種影像，使我熱愛並深受吸引的男人對自己評價這麼低。一想到此，我就感到哀傷。好在，認知行為治療對他的表現焦慮有很大的幫助，我們現在狀況很好。

老一輩從來不需要面對這些問題，他們不了解年輕男性需要接受性教育，才知道性是雙方愉悅的經驗。很多男人完全不知道女人是積極參與的性夥伴，而不是色情明星。年輕男性真的分不清二者的差別，不了解為什麼我們不肯做他們在色情影片裡看到的「那件事情」。

色情影片確實使年輕人（主要是男性）對性有不切實際的

期待。色情影片提倡人為的、不一定存在的「完美」形象,令人對現實感到失望。同樣的,色情影片將性描繪成沒有情緒、沒有意義的行為,讓未來的性關係產生問題。

色情影片把性演得很賤,不鼓勵男性追求浪漫和真正的親密感,而是教導他們忽視女性的情緒需求,用自私的角度看待性。

我認為,男性和女性扮演的角色改變得非常快速。例如,在夜店裡,很明顯的看得出來,男人追求女人的需求快速減少,女性變得比男性飢渴多了,行為誇張,急吼吼的撲向男人;男人則只是利用女人,用完就拋棄。就像色情工業呈現的情節一樣。雖然我強烈地不同意色情影片和相關的一切,但我們不能為此責怪男人,因為女人自己變得隨便了,卻又要男人尊重她們。

多數的網路色情沒有故事情節,沒有前戲,直接進入性行為。沒有對話,只有行動。完全不提現實生活中的浪漫前戲、協商、討論、溫柔時刻、親吻、撫摸、讚美和說話。影片也暗示女性和男性一樣飢渴,或是比男性更想要發生關係。她會主動拉開拉鍊,脫掉他的褲子,開始幫他口交。在真實世界中,這種情形不常發生。

想像自己看著英格蘭足球超級聯賽(English Premier League)最佳球員摧毀對手,從中學習如何踢足球,或是看著明星球隊的亞伯特‧普荷斯(Albert Pujols)在世界杯裡擊出三支全壘打,

從中學習如何打棒球。他們是傑出的運動員，身體經過多年訓練，達到巔峰，成為業界翹楚。他們可能啟發你，但你必須在小聯盟（Little League）球場或是遊戲場上，跟著教練，以及程度、年紀和塊頭都跟你差不多的同儕一起勤奮練習。

　　在色情影片裡，幾乎所有的男演員都有巨大的陰莖。選角的時候，片商就是看上了他們的陰莖大小和體能，而且他們非常可能服藥，以強化勃起。你看不到演出時改變錄影機角度，讓他們有短暫的休息時間，由助手幫他們「硬起來」、服藥、使用真空吸引機或陰莖注射。他們在螢幕上看起來可以持續二十分鐘，事實上可能包括了沒演出來的休息時間。

　　男人觀賞色情影片會有表現壓力，想要滿足他們心目中的女性幻想，也就是維持好幾小時的巨大勃起。很多男性陰莖尺寸正常，卻認為自己有哪裡不對勁，或是因為十分鐘就達到高潮而以為自己早洩。這很像在跑步機上，設定最陡的坡度，以最快的速度跑步一樣，沒有多少人能夠持續很久的。但是，很多年輕男性持續觀看色情影片，發展出錯誤期待，等到他終於準備和真正的女性發生關係時，就會有表現焦慮。

　　另一個負面影響就是看很多色情影片的男孩會越來越羨慕別人的陰莖，覺得自己不夠看。顯然地，陰莖大小是男性認同上非常重要的項目，如果對此感到不自在，一定會有問題。在男性更衣室裡常常看到許多年輕男性拒絕脫衣服，躲到浴室裡脫，出來的時候用毛巾遮住自己。男性壯陽藥威而鋼（Viagra）問世時，廣告主角是白髮老人。現在，有更多三十歲以下的男性拿威而鋼處方，以便自己有夠好的性表現。一旦大家認為必須使用藥物才能獲得性的成功，藥物就比實質還更重要了。以

前的威而鋼廣告用老人，現在已經改用越來越年輕的人，甚至是體能很好的人，以保證一旦有性需求就能立即準備好了。

慢性刺激，慢性不滿

性是西方社會潛藏的暗流，但是就像大部份具有宗教性的國家一樣，我們沒有全面性地看待性。我們提倡愛，卻否認慾望，甚至被主流媒體忽視。然而，慾望並未消失，而是存在於成千上萬的網站上。網路是最大的集體潛意識，為我們的需求、慾望和幻想提供了洞見。一開始，色情影片協助大家對性感到更興奮，但過一陣子之後，卻有相反的效果。疾病控制及預防中心（Centers for Disease Control and Prevention, CDC）的一項新的調查顯示，「經常觀看色情影片的人比較容易沮喪、身體比較不健康。這意味著當色情影片取代了健康的人際互動，可能開啟了社交和性的孤立。」

在我們文化的多數面向中，慾望都缺乏代表性，色情影片正是試圖補足這個缺口。網路上充斥著色情影片。根據網路流量調查公司Alexa的報告，全世界最常被瀏覽的五百個網站中，有二十四個是色情網站——幾乎百分之五。在英國，最常被瀏覽的五百個網站中，有二十二個是色情網站。相較之下，最常被瀏覽的五百個網站中，有四十七個是各國的谷歌（Google）網站。最受歡迎的色情網站LiveJasmin和XVideos的流量比三十六個谷歌網站都更大，包括加拿大、墨西哥、澳洲和德國的谷歌網站。這兩個色情網站的流量也比CNN、美國線上公司（AOL）、Myspace和Netflix都更大。不像其他受歡迎的網站擁有

一般觀眾，色情網站的觀眾主要是二十四歲以下的男性，大部份都是在家裡獨自看，或是在學校裡偷偷看。

最受歡迎的二十四個色情網站都提供免費的內容，同時提供費用很低的特別節目，例如高清影片或即時真人秀。只要有網路，你可以免費找到任何你想看的影片，幾乎隨時隨地可以觀賞。

刺激的自助餐等著你──PornHub有五十六種項目，以字母順序分類。每個項目平均有五千八百三十二部影片。最受歡迎的影片平均有兩千兩百三十萬人次的觀賞，片長大約二十分鐘。平均而言，影片進行到百分之三十三時，就會有陰道或肛門插入的鏡頭。只有四分之一的影片出現可辨識的女性高潮，百分之八十一的影片出現可辨識的男性高潮。男性高潮往往是影片最後的亮點。

最受歡迎的影片中，沒有任何影片提到安全的性行為，也沒提到生理或情緒上的期待或界限。最受歡迎的影片中，只有一部使用保險套──這部影片演的是女同性戀者使用捆綁式陰莖。很多時候，女性會幫男性口交，然後男性插入她的陰道、肛門，然後回到她的嘴巴或陰道，稱之為「自動提款機」（ATM，anus-to-mouth）。這種做法讓女性很容易得到性病和細菌感染，例如尿道感染。鏡頭很少帶到男性臉部，但是常常有女性的臉部特寫。

常用的鏡頭角度是特寫性器，背景則是女主角的胸部或臉部。女性位置會讓她的臉部表情清晰可見。男性往往射精在女性胸部或臉上，或在她嘴裡，不會射在陰道裡（除了內射影片之外）。色情影片通常在男性射精之後突然結束，暗示男性

射精是性行為的巔峰，其他一切都是次要的。以前的電影結束時往往用「最後一幕淡出，黑幕」的技巧，色情影片裡則成為「臉，黑幕」，結束在女性臉部蓋滿精液的特寫。

這些影片暗示了性幻想從來沒有對話，很少有情緒上的親密感，如果有少數幾句對話，都很尷尬。很意外地，雖然色情影片名聲很糟，卻很少對女性使用羞辱性的字眼（例如賤貨、機掰、母狗等等）——至少在最受歡迎的影片中沒有。這種語言多半出現在輪暴、粗暴的性和跨種族多次插入的影片中。色情影片也很少出現肢體的親密感。如果性伴侶靠得很近，鏡頭將無法掌握暴露的特寫了。另一個很受歡迎的分類項目是「被剝削的大學女生」，導演問女孩的年齡，她在鏡頭上說自己超過十八歲，但是實際上看起來年輕得多。

整體而言，色情影片不是關於性或做愛，而是主要為了男性觀眾製作的、在視覺上令觀眾愉悅的「幹個不停」。我們不是說女性不喜歡看別人做愛，很多女性喜歡，也有很多女性觀賞色情影片。簡單地說，大部份女性不喜歡看沒有故事脈絡、光是一再撞擊身體的露骨特寫。色情影片不是關於浪漫、前戲或逐漸累積並提升親密感。色情影片是根據要求做出口交的動作，然後性交或肛交，然後做出各種姿勢或交換伴侶。大部份女性並不像男性那樣喜歡。

正面來看，色情影片可以是探索幻想的出口，或是作為性遊戲時各種可能的工具。色情影片也可以取代生活中缺乏的性伴侶，為害羞的男性、沒有錢僱用色情按摩或性服務的男性、不想面對性伴侶期待超過一夜情（或是二十分鐘身體磨擦）的情緒後果的男性提供出口。問題是，獨自觀看色情影片可能導

致越來越孤立，或在關係中情緒越來越疏離。英國最近的一項調查顯示，三分之一輕度使用色情影片的人（每週一小時或更少）和十分之七重度使用的人（每週超過十小時）表示色情影片導致關係困難。過度使用色情影片也可能導致其他不利的改變，年輕人覺察到的時候往往已經太晚了。

老兄，我的勃起呢？

最強有力的性器官是大腦。男人的勃起就是從大腦開始。看太多色情影片會對大腦產生什麼影響呢？色腦（YourBrainOnPorn）公司的蓋瑞・威爾遜（Gary Wilson）比較了長期過度使用色情網站和其他上癮行為，例如過度賭博、電玩上癮和食物上癮。他指出，目前已經有超過九十篇關於網路上癮、賭博上癮和色情網站上癮的腦部研究文獻，發現腦部的改變都和藥物上癮相同。

這個結果很合理，腦部受到刺激的區域也就是上癮的區域：獎勵電路。這個電路大部份隱藏在鼻子後方，演化出來的古老結構中。在這裡，你體驗到完成慾望的動機、吃、做愛、冒險、愛上一個人。這也是你受到性刺激——或被澆熄——的地方，因為渴望也來自這裡。

威爾遜在他的網站上解釋，多巴胺（dopamine）是啟動獎勵電路的主要神經傳導物質，你越受到性刺激，多巴胺濃度就越高。例如，如果多巴胺濃度不足，無法刺激獎勵電路，就不會勃起。和色情影片有關、多巴胺失調的性問題可以有各種表現方式：

・缺乏自動勃起
・靜態的色情圖片或已經看過的色情影片無法產生刺激。
  男性往往需要升級到更極端的材料才能得到刺激——上
  癮的跡象。
・陰莖敏感度降低——表示腦部已經麻木了
・和真正伴侶做愛時射精遲緩或無法高潮
・性交無能——和真正的伴侶無法維持勃起
・最後，即使觀看極端的色情影片也完全無法勃起
・治療勃起障礙的藥物無效。威而鋼和犀利士（Cialis）只
  能擴張血管，維持勃起，無法創造腦部的刺激感。沒有
  刺激，什麼都不可能發生。

　　新事物會刺激分泌大量的多巴胺，所以色情網站可以讓人
沒有注意到性表現障礙，年輕人多年後才知道自己有問題。每
一個新的性影像或「夥伴」都可以刺激釋出大量多巴胺。如果
你的多巴胺濃度開始下降——勃起開始退化——你只需要按鍵
點閱新的材料，就可以恢復了。色情網站總會有新的材料，或
是令人興奮、震驚的材料。
　　位於柏林的馬克斯普朗克人類發展學院（Max Planck Institute
for Human Development）進行了第一次針對色情網路使用者的腦部
研究。研究者發現花多少小時、多少年觀看色情網路，和負責
獎勵敏感度的腦部灰質份量下降有正相關，也和對情色圖片較
無法產生反應有正相關。灰質減少意味著多巴胺減少、多巴胺
接收器減少。主要的研究者西蒙・庫恩（Simone Kuhn）認為「規
律使用色情影片多多少少會消磨你的獎勵系統」。這也可以解

釋為什麼有些使用者開始依賴新的、更極端的色情影片。他們需要越來越多的刺激，才能興奮、勃起。

獎勵電路不斷受到刺激，表示想要「授精」給那些平面的網路伴侶。於是，腦子創造特殊的路徑，無需倚賴多巴胺就能激發獎勵電路——只對獨特的、「有價值的」活動產生反應，例如觀看色情網路或打電玩。

可悲的結果就是日常生活以及和熟悉的伴侶做愛都會顯得越來越無趣、越來越沒有意思。同時，色情網站的刺激成為腦子認為值得參與的唯一性事。正如我們之前提過的，有些使用者真正做愛時很難達到高潮，甚至無法得到或維持勃起狀態（勃起障礙）。即使他們一開始感到興奮（因為伴侶是新的），也很快發現伴侶無法再刺激他們了。他們的腦子需要不斷的螢幕新刺激。除非他們重新訓練腦子，否則就卡住了。

威爾遜說：

色情網站是強有力的記憶，在潛意識中呼喚你——因為這是得到多巴胺、勃起和解放飢渴的最可靠的來源……這是所有上癮症的現象。你越提升多巴胺、過度刺激獎勵電路……它的反應越弱。想像一個電池逐漸無力的手電筒吧。簡單地說，你的獎勵電路無法提供足夠的電力來支持勃起。

簡單的理解就是色情影片削弱了它強化的東西。或是正如尼古拉斯·卡爾說的：「當我們用人為方式延伸我們的一部份，我們同時也讓自己和這個部份以及它的自然功能更有距離了。」

興奮上癮：一樣，但是又不一樣

有很多原因讓我們擔心電玩和色情影片上癮。就像所有的上癮一樣，活動本身變得比生活中一切其他事物更為重要，完全佔據了我們——就像賭博上癮、酗酒或嗑藥一樣。但是，電玩和色情影片又和酗酒嗑藥不同。我們可以稱之為「興奮上癮」——尋找新刺激以達到或維持高度興奮。

高速網路出現之前，大家接觸色情的方式大為不同，不像今天這樣容易上癮。六十年前，我們看《國家地理雜誌》（*National Geographic*）裡有裸胸土著女人的小張照片。三十年前，我們翻閱《花花公子》（*Playboy*）或《閣樓》（*Penthouse*）雜誌裡美麗女人全裸照片的跨頁。《好色客》（*Hustler*）雜誌則引進了陰道特寫的「粉紅」照片。男人會偷偷付費去戲院看成人電影，例如《深喉嚨》（*Deep Throat*）和《綠門之後》（*Behind the Green Door*）。二十年前，大家看一大堆錄影帶。十年前則是自己燒錄的D槽。但是今天，你只需要按幾個鍵，就可以在電腦上開啟無數的視窗，在十幾部高清影片之間切換。

每個人都記得自己看的第一個性影像或電影。它會留下永遠的印象。如果你是沒有經驗的年輕男性，成長時都在看色情網站（或是任何常常看色情網站的人），而且總是對著螢幕自慰——往往握得死緊——想像一下，這將如何影響你未來的性經驗呢？如果你經常訓練自己的腦子與身體對色情影片感到興奮，當你遇到真實伴侶時，大概不會感到那麼興奮。如果你沒有經常看色情影片，對性伴侶會比較容易感到興奮。你可能覺

得伴侶很有吸引力，但生理上和情緒上卻無法對她感到興奮。

　　如果依賴色情影片刺激自己，很多年輕男性會遇到問題，因為一開始讓他興奮的影像會不再刺激了。舊的影像或劇情不再刺激，他們尋求新的變化、有更多驚喜、更強烈和更陌生的內容，或任何他們還沒看過的影像，才達到性高潮。

　　很快就習慣同樣的東西了，不同的東西才抓得住他的注意力，甚至轉向其實不是他原本性取向的內容，例如同性戀、變性人等等主題。很不幸地，滿足長期需要的最佳方案有其缺點，而且和色情工業的利益互相矛盾。電玩和色情工業經由網路不斷提供無止盡的新產品，色情上癮的人總是可以拿到過癮的新影片。和上癮物質與上癮過程有關的神經刺激和活動，例如賭城或嗑藥的過程，也可以進一步創造更多的興奮，提升身體的化學反應。

　　使用者在追求過癮時，興奮上癮會讓他陷入過度的當下享樂主義。過去與未來都很遙遠，當下時刻壓過了一切。而且這個當下如此生動有活力，影像不斷改變。色情影片以全新的方式改變腦子。腦子開始要求變化、新意、興奮和不斷的刺激。腦子的需求很容易就得到滿足，我們只要按鍵或是動一動滑鼠，就可以取得任何色情影片和電玩遊戲。過度觀看色情影片成癮時，腦子會像吸食了海洛因似的。你越興奮，多巴胺濃度越高。多巴胺濃度越高，你就越渴望。

　　雖然每個人的興奮上癮對行為和生理的影響不同，但是值得我們研究過度觀賞色情影片對生理、心智、情緒的潛在後果。很少人思考過度觀賞色情影片將如何影響他的腦子，以及看色情影片與面對真實伴侶時他感到興奮的能力。

　　興奮上癮有其微妙以及不那麼微妙的效果，可能對生活裡任何牽涉到靜態、重複、需要計劃、延遲滿足、設定長期目標的事務造成負面影響。跟我們談話的那位年輕人已經有興奮上癮的徵狀，他在社交場合感到焦慮、對於設定和完成目標缺乏動機、覺得失控，甚至談到自殺。他們變得和傳統學校班級完全不合拍了。學校的同質性很高，要求靜態、被動式的互動。學業表現需要將過去的知識應用在未來的挑戰上，需要計劃、延遲滿足、先工作再玩樂、設定長期目標。

　　你看到其中的錯置了嗎？他們也和戀愛關係脫節。浪漫關係往往需要慢慢形成，過程細微，需要互動、分享、發展互信、暫時壓抑慾望直到合適的時間。

柯立芝效應（Coolidge Effect）

　　一般而言，男性達到高潮後會有一段時間無法勃起。也就是說，做愛後他需要休息一下，才能繼續。如果面對新奇的性愛機會，這段時間可以大量縮短。對你的大腦而言，色情影片就像你的後宮。雖然這是幻想出來的經驗，但是每一部新片就像是新的性愛一樣。

　　柯立芝效應指的是就是這種現象。這個名詞出現的故事已不可考。據說美國前總統柯立芝（Calvin Coolidge）和他的妻子葛莉絲（Grace Coolidge）分別參訪一個公立農場。柯立芝夫人來到一處，看到一隻公雞正和母雞交配。她問農夫，公雞多久交配一次。農夫說：「每天十幾次。」柯立芝夫人說：「等總統來的時候，跟他說。」總統聽了報告後，問農夫是否每次都是同

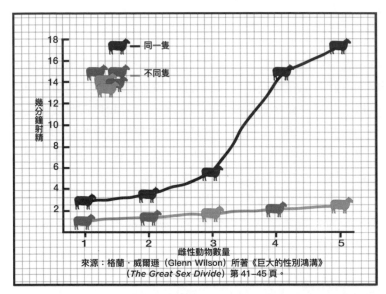

來源：格蘭‧威爾遜（Glenn Wilson）所著《巨大的性別鴻溝》
（*The Great Sex Divide*）第 41–45 頁。

一隻母雞。「噢，不是的，總統，每次都是不同的母雞。」總
統說：「跟柯立芝夫人說吧！」

　　你聽懂了。柯立芝效應就是，哺乳動物的男性（女性也
是，程度較低而已）面對新的性愛對象時，會重新燃起性趣。
一九八五年，位於石溪（Stony Brook）的紐約州立大學（State
University of New York）針對性興奮的習慣做了一項研究，四十位男
性志願者分為兩組，一組看了五對異性戀伴侶做愛的照片，另
一組看了五次同樣一對伴侶做愛的照片。第一組的興奮程度提
高了，第二組的興奮程度則降低了。

　　色情是製造多巴胺的機器。多巴胺協助產生愉悅和樂趣的
感覺。飲食、嗑藥和做愛都是有獎勵的經驗，會釋放多巴胺到
腦部的兩個主要區域，伏隔核（nucleus accumbens）和額葉皮層

（frontal cortex）。一旦上癮，多巴胺的路徑就會變得有害。

演員很多，曾經很受歡迎的色情明星可能很快的不再新鮮，失去商業價值。悲哀的是，很多網路明星因為「新女孩效應」，在第一週賺進她能賺到的最多的錢。而喜歡新鮮和可以替換的角色對真實生活中的親密關係有何影響呢？

約會與物化女性

他看著她的手說：「你的指甲很漂亮。是假的嗎？」擅長把妹的男人稱之為「負面恭維」。花花公子們常常用這招勾引女孩，使她們為他們著迷。

跟我們談話的這位年輕女性並不知道這種策略。她沒有心理準備，激動地說：「當然不是！」她心裡想，這傢伙真魯莽。但他其實是有備而來。他的策略奏效了。夜晚結束時，他們已經很親熱了。但是愛情的魔力並不持久。或許她後悔自己一時衝動，或許他的手段還不夠高明，無論如何，當他們進展到真正的人際連結時，她對他失去了興趣。

最近出版了許多類似《把妹達人：迷男方法》（*The Mystery Method*）和《把妹達人──從宅男到型男之路》（*The Game*）的書，提供一些非常有效且有趣（有時會讓人不舒服）的把妹建議。男人為了接近女性，願意做出這麼多的努力，實在讓人感動。但是很不幸的，他們的方法不包括關係的其他重要面向，例如尋找共同興趣、如何從陌生人變成有意思的約會對象、如何成為長期伴侶。或許這些不是他們的目的，但是到了某種時刻，男人想要真正的關係時，可能很難從「把妹達人」的心態

跳脫出來，進一步建立關係。他們必需改變整個心態，不能再把女人當做獵取的目標，而是一個有價值和興趣的「人」。傳統結局是真正的愛上一個人，而不是一直自戀。

　　重點是保持覺知，平衡眼前的慾望和長期的目標，觀察自己的策略對自己和別人是否有效。自動與異性產生連結的能力被閹割之後，動機就從遇見一位有意思的女孩轉變為跟十個女孩睡了。從建立自信變成孔雀開屏。不再跟與人產生連結有關，而是不斷研發策略，取得更多勝利。對象變成可以隨意更換的物件，僅僅是為了取樂。遊戲有了新的身份，更像虛擬足球遊戲，而不再是藉以幻想跟真正的、有血有肉的女人做愛了。

　　在我們的調查中，兩性都分享了這些負面態度的影響：

　　（男性）我相信這些行為可能提高了追求關係的門檻——年輕男性不再自然的做他想做的事，而是開始分析代價與好處。如果你可以經由電玩和色情網站得到娛樂、滿足性需求，不用管親密關係帶來的負擔和戲劇起伏，年輕男性可能比較沒有動機追求異性關係。

　　（男性）社會的性觀念也有影響。男孩從媒體……他們的角色模範的互動……看到、學到不尊重女性。如果男人不尊重女性，他為什麼要離開他的舒適區和她說話，或是參與浪漫關係呢？

　　（女性）毫無疑問，我認識的男性中，看色情網站的人都

沒有和女性的健康關係。他們可能在社交場合、有限的時間裡行為舉止合宜，但是色情網站一定會影響他們的態度和價值觀。他們總是有一種心虛的態度，和他們一起居住或工作的女性總是可以從他們說的話看得出來誰有在看色情網站。有一句老話「垃圾進來，垃圾出去」。沒有人類大腦可以一面吸收自我陶醉的色情網站，一面追求成熟、複雜、全面性的長期關係。

事先設計好的互動並不會讓人得到浪漫連結的喜悅，那麼，使用這些策略的男人到底要什麼呢？在年輕男性的世界裡，想要快樂和滿足的慾望已經融入了刺激、娛樂和控制。

暢銷書《塔克，嘿咻嘿咻嘿咻！》（*I Hope They Serve Beer in Hell*）和《混蛋先達陣》（*Assholes Finish First*）的作者塔克・麥克斯（Tucker Max）在網站上公佈了一份約會申請書，有很多人回應。這份申請書有許多選擇題，詢問對方各種問題，例如：「我的朋友看到你的時候會說什麼？」以下是對方可以選擇的某些回應：

「又高又辣、缺乏自尊心的金髮美女──他今晚一定可以得手。」

「今晚一定是衣服到處扔，非常可能有火熱的炒飯。」

「我的上帝──她聞起來像魚市場。」

「嗯，她太醜了，他不會想跟她約會的⋯⋯但是跟你打賭美金十元，他還是會睡她。」

「我不會說她很胖，但是他會需要救命工具才能逃離這女

人。」

　　「她只是個便宜妓女而已。我好奇他花了多少錢。」

　　「口交還比較好。」

　　這當然是在開玩笑。但是你還是會奇怪,在這個時代,很多人還是不好意公開買保險套,或是不知道如何好好的和任何人討論性愛,為什麼麥克斯的書會變成紐約時報(*New York Times*)暢銷書排行榜第一名呢?

　　我們到處看得到性,為什麼會這麼難以啟齒呢?粗魯——低俗,容易打發——是唯一可以接受的方式嗎?在西方世界,許多年輕男性發展出聖女一妓女的情意結,部分原因就是奇怪的區分。無性的愛和無愛的性。這些男人想要純良的女人當伴侶,卻要浪騷的女人當情人。當他們在真實世界遇到既善良又性感的女人時,他們會感到焦慮,把她推開——對他們而言,性必須疏離。這對每個人的親密問題都造成極大的挑戰。

　　我們跟一位二十多歲的女性談話,她描述了最近的一段三年的感情,對方就有這種內在掙扎:

　　我們約會七個月之後就同居了。我們的性生活從來不怎麼好。我們在一起的時候,他一直很難維持勃起。有時候他會有勃起,但是要插入時就軟掉了。他說他跟每個女人都有這個問題。他早上醒來會勃起,可以自慰。很明顯,問題出在他的心理。他很喜歡抱我,我們相處也很好。我們很開放的討論一切。他的電腦裡收集了大量的色情影片。我對他收集這些影片並不反感,但是我絕對相信這些影片非常負面的影響了他對性

的看法，他對自己的表現很焦慮，永遠無法投入。在國中和高中階段，他念寄宿學校，和一群男生住在宿舍裡。他說他們看很多色情影片。他們當時都沒有任何真正的性經驗。我認為這是為什麼他一生都有勃起問題（以及表現焦慮）——他有實際性經驗之前，接觸了強烈色情影片，因此感到困惑。他說他很難用性的角度看待我（他無法把他愛的人視為性對象）。在他眼中，性對象是他不在乎的人，是他的性玩物而不是真實的人。關係快要結束時，我們已經像是單純的室友了。

以前的人把關係當作建立家庭的前奏，將對象視為未來的終身伴侶。但是今天，忠於愛情關係的理由越來越少，年輕男人只把女人當成暫時的、可以取代的性玩物。

電玩的動力

幾十年前，戴眼鏡的人被稱為「四眼田雞」，愛讀書的孩子有各種難聽的綽號。嬰兒潮的這一代，聰明孩子只有在考試前才顯得夠酷。如果你在意成績或喜愛電子產品，你就是書呆子。書呆子自成一格，被放在社交排行榜的最底層。

遊戲機、遊樂場、《超級大金剛》（Donkey Kong）、《毀滅戰士》（Doom）和《決勝時刻》（Call of Duty）出現之前，青少年聚在一起會玩球、騎車、到處亂逛、玩牌。他們喝酒、抽菸、不要命的到處射BB槍，或是建造竹筏去河上漂流，遇到大雨就沉了。那個時代裡，鄰居會知道彼此的名字，家庭會一起聚餐，你的生活形態和收入相當，大家必須各自尋找娛樂。

　　一九七〇和一九八〇年代，一切都改變了。書呆子忙著做自己最擅長的事情：設計創新的科技，發明新方法控制與探索已知的宇宙。第一批遊戲機、遊戲遙控器和一般人用的電腦都是書呆子為了別的書呆子創造出來的。他們懂得科技、不懂得社交、不重視風格。有些書呆子只是熱衷創造，有些書呆子因為不擅長社交而需要有事可做。這些東西不是擅長把妹的人發明的，因為那些人都在忙著把妹了。但是當遊戲公司成為強壯的企業、擁有更好的圖像、使用上更為友善，書呆子忽然變成很酷的傢伙了。如果你去參加任何遊戲或電子產品的發表會，你會看到很多美麗的模特兒、性感的舞者。

　　這個戲劇性的轉變發生於一九七七年，第一部《星際大戰》（Star Wars）上映。同一年，第一部普及型的蘋果電腦在舊金山的西岸電腦大展（West Coast Coputer Fair）出現了，有些人將此視為個人電腦工業的濫觴。一年後，Midway公司發表了《太空侵略者》（Space Invaders），一九七九年Atari公司發表了《爆破彗星》（Asteoids），一九八〇年Namco公司發表了《小精靈》（PacMan），這是有史以來最受歡迎的遊戲。一九八一年，第一本《電玩雜誌》（Electronic Games）出版了。一九八〇年代早期，電玩工業遇到一些問題，但是任天堂（Nintendo）公司幾年之後就克服了。在這段時間裡，國際准將（Commodore International）公司的創立者——傑克‧特拉梅爾（Jack Tramiel）不斷製造簡單便宜的電腦「給大眾，而不是給課堂用」。輕易取得的電腦、網路、觸碰螢幕和傳動控制不斷革新，讓大眾能夠彼此互動，一起打電玩。

　　價錢較為合理之後，科技的力量進入主流社會。各種創

新不斷的迅速出現，世界張開手臂歡迎。電子產品的消費刺激了科技成長，正如英特爾（Intel）的廣告《與你共創明天》（Sponsors of Tomorrow）裡呈現的，新的搖滾明星出現了。毫無疑問，嬰兒潮最愛取笑的書呆子已經變成為很多人的老闆了。電影《龍虎少年隊》（Jump Street）裡，喬納·希爾（Jonah Hill）和查寧·塔圖（Channing Tatum）扮演的臥底警察試圖打入受歡迎的那群人，因此擺出無動於衷的態度，把車子停在殘障停車格，還打了一位男同志，卻反而被大家瞧不起。他們是根據以前的規則行事，不知道壞孩子的態度已經意味著不同的訊息了。當我們想一想過去幾十年的科技大爆發，我們更能欣賞那些「瘋狂的人、不適應環境的人、叛逆的人、經常惹麻煩的人、方洞裡的圓木條…用不同眼光看事情的人」──蘋果公司深具遠見的史蒂夫·賈伯斯（Steve Jobs）說得好。從此以後，居下風的弱者成為了我們的福神。

打電玩有許多優點──主要是很好玩，也有許多社交依附作用、解決問題、策略，甚至運動。網路遊戲提供機會讓玩家更熟悉電腦的使用。在未來的就業市場，千萬不能低估了操作電腦的能力。許多網路遊戲也讓全球玩家彼此互動，提供學習其他文化的機會。但是這些優點有限，大部份的玩家並不會好好利用這些優點。

正如我們之前提到過的，我們最擔憂的就是單獨且過度使用電玩的人。最近的《問男人》（AskMen）調查提出一個問題：「大部份時間，你和誰一起打電玩？」只有百分之二十四的人說他們和朋友一起玩，百分之三十七的人說他們一個人玩或和線上的陌生人玩。

　　打電玩的缺點，尤其是許多令人興奮的電玩，就是讓別的人和真實生活看起來很無聊，比起電玩，根本不值得花時間。不意外的，和不打電玩的青少年相較，青少年玩家少花百分之三十的時間閱讀，少花百分之三十四的時間做功課。二〇一〇年，發表在《心理科學》（*Psychological Science*）的一項研究發現，六到九歲的男孩得到電玩遊戲以後，閱讀和書寫成績就下降了，老師還說學習問題增加了。玩太多遊戲會造成成績退步、對暴力較不敏感，還可能影響兒童如何學習和社交，因為他花在遊戲上的時間和花在其他活動上的時間缺乏平衡。

　　還記得本章之前，蓋博說，根據他的估計，自從他出生到他二十三歲時，每天平均花四小時打電玩。如果這個估計是正確的，他總共打了三千三百小時的電玩（幾乎可以得到七個學士學位了）！

　　回頭看我的童年，我現在明白電玩和色情網站不但讓我對生活裡的正常樂趣變得不那麼敏感，也讓我陷進他們提供的、超過正常的刺激，最後，虛擬世界取代了真實世界的慾望和熱情。我從電玩可以達到的興奮和刺激的程度使得真實生活的球隊運動顯得十分無聊。

　　我認為，現在的電玩設計就是會讓人上癮。你花了無數時間和技巧才擠進排行榜前幾名，公司不斷釋出獎勵包讓人加入遊戲（新意），他們讓人沉迷其中，一旦你開始覺得無聊了，他們又會加進一些關卡，或是某種能力，讓你在排行榜上更進步。過一段時間，真實世界完全無法抓住我的注意，我一心只想何時可以回家打電玩。

　　為什麼比起那些較慢的、內省的娛樂，電玩更能夠吸引玩家呢？尼爾斯・克拉克（Neils Clark）和莎旺・史考特（P. Shavaun Scott）認為：

　　電玩不像其他媒體那麼被動……它讓我們和其他人產生連結……「遊戲」一詞已經無法描述今日的數位社群了。你可以稱之為互動、媒介、自發性或其它名稱，電玩最明顯的進展就是帶我們超越了被動的看電視或看書。你可以在電視上看車子互相追逐，但是如果你駕著你的紅色法拉利，開到時速一百五，把警車甩掉，那就不一樣了。在電玩裡，我們手握駕駛盤。這種控制改變了一切。在我們腦子裡，電玩看起來和感覺起來都不一樣了……電視螢幕上的故事只能提供知識，電玩雖然不是現實，卻可以教導我們。當我們做出危險的決定，可以親眼看到接下來發生的事情，然後可以自動做出選擇，使得電玩更吸引人、更令人興奮、更能維持長久的興趣。

　　問題是，對腦子而言，這些想像的虛擬冒險感覺有何不同？利奧納德・薩克斯（Leonard Sax）在《浮萍男孩》（Boys Adrift）書中指出，電玩可以影響腦部，減弱動機。伏隔核（nucleus accumben）和腦子另外一個稱為背外側前額葉皮層（dorsolateral prefrontal cortex, DLPFC）的區域合作。伏隔核負責指揮動機，背外側前額葉皮層則提供動機的脈絡：

　　最近的研究針對七到十四歲的男孩做腦部造影，發現打電

玩讓這個部分狀態不佳。似乎會關閉供給背外側前額葉皮層的血流……打電玩使得伏隔核充血，腦部其他部分因此缺血。結果就是打電玩的男孩達成任務，得到獎勵，卻沒有連結到現實世界，不覺得需要整理儲存故事的脈絡。

並不只有腦子受害而已。英國教師及演講者協會（Association of Teachers and Lecturers）的成員說，有些年紀比較大的孩子遇到紙筆測驗時會有困難，因為過度接觸螢幕上的科技使得他們的記憶力減弱。有些小孩子經常使用觸碰式螢幕，已經失去手指頭的靈活度。一個四歲小孩從小接觸數位產品，甚至需要治療以控制他的強迫性行為。

越來越多證據顯示電玩、注意力問題和衝動之間有雙向因果關係。最近，兒童心理學家道格拉斯‧珍泰爾（Douglas Gentile）、愛德華‧史溫（Edward Swing）、林俊源（Choon Guan Lim，音譯）和安琪琳‧邱（Angeline Khoo）花了三年檢查了這些變數的相互影響，取樣多達三千多位新加坡少年。他們發現，即使在統計上將性別、種族、年紀、社經地位、之前的注意力問題都考慮進去，花較多時間打電玩的兒童之後比較會有注意力問題。他們也注意到了，即使一開始控制了打電玩的時間，原本就比較衝動或有某種程度注意力問題的兒童會花更多時間打電玩，使問題益加嚴重。這些數據協助解釋為什麼男孩比女孩更容易被確診過動症，並且花更多時間打電玩。這些數據也顯示注意力問題可以被環境因子改變，如果減少電玩時間，或是玩不一樣的遊戲，可能可以減輕症狀。

幾年前，史丹佛的艾倫‧賴斯（Allan Reiss）與同事用功能

性磁共振成像（fMRI）檢視正在打電玩時的腦部變化。他們發現，打電玩時，男性比女性更覺得獲得獎勵，上癮的機率大約是女性的兩三倍。賴斯用來測驗的電玩要求玩家到取得地盤，當螢幕上的球接近直線時把它除去。這條直線叫做「牆」。雖然女性玩家瞭解這個遊戲，看起來也有足夠動機表現良好，但是賴斯說：「男性就是更想成功」。

他們的研究顯示，男性玩家的中腦皮層邊緣中心（mesocorticolimbic center）比女性活躍多了，這個區域包括伏隔核、杏仁核（amygdala）和眼窩前額皮質（orbitofrontal cortex）。活躍的程度和玩家取得多少地盤有正相關。打電玩時，男性的這個區域也比女性更會彼此影響。電路連結越好，男性玩家的表現越好。這些發現可以解釋為什麼牽涉到征服或地盤的遊戲更受男性歡迎，為什麼他們比女性更有動機，一玩就是好幾小時。如果遊戲換個主題，或許女性的中腦皮層邊緣中心可以更活躍。在我們的英國學生問卷調查中，一位年輕女性說：「如果有更多針對女性的遊戲，我們或許會比男性更願意買來玩。」

我們希望看到更多腦部顯影研究，測量中性或女性遊戲的內在獎勵。測量各種遊戲中，青春期對競爭力的可能影響也會很有意思。我們曾經觀察過，女孩在成熟前會玩比較多的電玩。

當電玩是助力

玩耍是新發明之母

——瑞士發展心理學家皮亞傑（Jean Piaget）

電玩如此受歡迎是有原因的──他們讓挑戰變得有趣。當
電玩成為助力時，過程中將為學習提供刺激的環境、社交依附
與獎勵。大型多人線上角色扮演遊戲的玩家也將得到名聲，和
其他玩家建立彼此之間的信任──和真實世界的人可能不易獲
得。即便玩家用化身玩遊戲，《魔獸世界》（World of Warcraft）
和《第二人生》之類的遊戲也非常有社交意義。正向的電玩也
包括學習或訓練上的運用，可以在真實世界造成影響。

一九九○年代，遊樂場出現了跳舞機（Dance Dance
Revolution），之後做成電玩控制台。玩家站在小型舞台上，配
合音樂和視覺指示，根據事先設計好的步伐踏著不同顏色的箭
頭，讓顏色亮起來。玩家配合音樂與視覺指示踏步的準確度決
定了他的成績。如果玩家得到好成績，就可以選擇不同的音樂
繼續玩。

珍・麥哥尼葛（Jane McGonigal）設計的《沒有石油的世界》
（World Without Oil）是另一個方向正確的好產品。她的口號是
「玩遊戲──在真正發生以前」。超過一千五百位玩家看到了
石油危機，在石油用盡之前，已經開始不倚賴石油過日子了。
她的網站上說，「詭異的石油危機擬真影像，加上實用的建
議，教大家如何採取步驟，避免石油危機發生……《沒有石油
的世界》比單純的宣傳教育更有真實感，於是讓人們真的參與
行動，真的改變生活方式。」你可以到worldwithoutoil.org瞭解更
多。

《折疊》（Foldit）是另一個吸引很多人的科學遊戲。玩家
必須會解拼圖，自己設計蛋白質。結果發現人類拼拼圖、辨識
圖像的能力比現有的電腦高明，更會摺疊蛋白質。設計《折

疊》的科學家使用玩家的答案教導電腦更快地摺疊蛋白質，以預測蛋白質結構。事實上，玩家的努力協助科學家解決了一個十年懸而未決的、關於HIV（愛滋病的病原體）的問題。請參考http://fold/it。

Xbox公司出的Kinect和任天堂出的Wii遊戲系統也是很棒的正向電玩。Wii比其他遊戲控制台擁有更廣泛的人口分布，同時也牽涉到更多的運動和社交。整個家庭都可以一起玩。遊戲好玩到青少年可以一個人玩或一起玩。我（妮基塔）曾經見過九十歲阿媽在養老院玩Wii保齡球。這是「小孩喜歡，父母支持」的產品，可以創造雙贏。根據調查，十六歲到二十四歲的年輕人有五分之一說，如果能夠經常玩Wii，他們願意放棄健身房會員資格。市場研究公司（TNS）針對科技所作的調查顯示，家長相信像Wii這種社交遊戲平台不只是鼓勵孩子多運動，對家庭也有正面影響。一項針對過重和肥胖兒童減肥計劃的研究讓有些孩子同時也用Xbox Kinect玩運動電玩。他們發現，打電玩的孩子比單單使用減重計劃的孩子減了較多體重。

對於某些人，將注意力放在虛擬世界可能是一件好事情——甚至有療癒效果。華盛頓大學（University of Washington）和洛約拉大學（Loyola University）的研究發現燒燙傷病患正是如此。打電玩的病人得以從病痛中分心。他們表示比以前沒有分心事物時較不覺得痛。他們的核磁共振成像分析，也得到同樣的結論。身處虛擬世界可以減少腦中與痛感有關的活動。兒童牙科鼓勵小小病患看牙齒的時候，想像自己正在看他們最喜歡的電視節目或電玩。這種催眠治療很有效，尤其是對無法接受麻醉的病患。

當電玩出錯

（電玩工業目前的狀況）太黑暗了，脫離初衷，我不喜歡。控制台和電腦遊戲工業的定義太狹窄了，僅僅適合十四歲男孩的心智，以及他們不那麼高貴的幻想。電玩工業受到以前市場的驅動，害怕一千萬美元的發展一旦破產要怎麼辦。它已經失去道德指南針了。

> —— 鮑勃‧懷特海德（Bob Whitehead），
> 電玩設計師、電腦程式師

　　沒有什麼比共同敵人更能讓人團結起來了。過去，共同敵人可能是鄰近的部落或國家，現在，玩家的敵人則是社會義務：責任、時間管理、面對真實的人、完成真正的任務。

　　就像《飛出個未來》演的，「比利在他的房間」是常見的景象。阿姨、叔叔和表兄妹們歡迎久未見面的親戚到訪。擁抱、親吻、給禮物之後，這位青少年就不見了——再也不出現，連再見也不說一聲。親戚會問：「比利在哪兒？」媽媽會說：「比利在他的房間。」觀眾對這句話已經耳熟能詳了。他沒有尊重最基本的社交禮貌，或者至少是以前大家認為最基本的家庭義務，沒有從房間裡出來說一聲：「再見啦，表哥。」然後再快快衝回房間打電玩。對於任何重視家庭價值和儀式的人，比利的這種行為都是無法接受的。甚至是爸媽的行為也無法接受。他們應該知道怎麼做，而不是放任兒子沒禮貌。從某個角度看，這種行為越來越常見，成為單獨過度打電玩和看色情網站所造成的負面結果的一部份。這些孩子成了現代的「洞

穴野人」。

　　如果經常長時間單獨玩，電玩也會出錯。電玩經驗可以滿足許多生理和心智需求，但是打電玩的人生可能失去平衡。幾位年輕人在我們的問卷上分享了他們的角度。他們寧願累個半死、睡眠不足、犧牲其他事務，每天也一定要打電玩。

　　我相信自己是網路電玩的第一代玩家，我以前非常沉迷大型多人線上角色扮演遊戲，每天花十二到十六個小時打電玩。我跟你說說我的想法。一開始是網路上的電子布告欄，可以玩一些簡單的遊戲，留訊息給別人，慢慢演變成網路聊天室，然後是互動式遊戲，現在則是網路社群。清醒的時候，你可以整天掛在那裡，總是會有人想玩遊戲或跟你說話。這些社群互動取代了花時間和真實世界的人相處，比較容易滿足社交需求。直接的後果就是真實社交的技巧越來越差。尤其是遇到不認識的人或面對女性的時候。我們沒有可以聊的共同興趣，沒有人要聽我們講我們扮演的角色或網路戰爭中發生的事情，或是我們如何設計我們的網路房子。因此，和不那麼熱衷網路電玩的人相比，我們落後了。另一個可怕後果是身體健康很糟糕。很多玩家（我是指我自己認識的玩家）上半身肌肉不發達，飲食不正常。花那麼多時間在螢幕前，健康一定受損。一旦你發現自己對網路上癮了，你也不會想改變習慣，因為那樣做不會帶來任何滿足。如果從螢幕前脫身，你根本不會知道要拿那些時間來做什麼。我在網路上沒有發現任何工具可以協助我戒癮。我相信最好的解決辦法就是預防。而唯一的預防方法就是啟發兒童。

　　我是醫生，有神經科學的專業背景，我一直和電玩上癮奮

鬥。我是上癮的玩家，最瘋狂的時候，九年裡花了兩萬多小時
打電玩。我不顧後果的打電玩，這樣的衝動把我變成了怪物，
幾乎毀掉了我的家庭、婚姻和事業。如果沒有注意到這個成長
最迅速的上癮症，我們的社會將創造出電玩世代，幾百萬的人
將缺乏創造力以及在真實世界生活的技巧。

　　如果打電玩的人對現實以及真實世界裡的互動都失去敏
感度，電玩也會出錯。一九九〇年代發生了幾件學校槍殺的
悲劇之後，一段錄影片出現了。在影片中，兩個科倫拜高中
（Columbine High School）槍擊案的加害者談到，他們的行為很像
受歡迎的電腦遊戲《毀滅戰士》（Doom）。兩週後，國會公聽
會討論了對兒童販賣暴力的行銷行為。已退休的大衛‧格羅斯
曼（Dave Grossman）中校以前是美國陸軍遊騎兵（Army Ranger），
在西點軍校（West Point）教心理學，並寫了《殺戮：在戰爭與社
會學習殺戮的心理代價》（*On Killing:The Psychological Cost of Learning to Kill
in War and Society*）一書。他在公聽會的一個座談小組裡談到，從一
個健康的市民變成有能力殺人，中間的過程必須有一座橋樑：

　　在第二次世界大戰裡，我們教士兵射擊圓形目標。他們的
表現很勇敢。但是我們發現我們的訓練有瑕疵。真正上戰場
時，他們看不到圓形目標。他們無法把訓練轉化成現實。

　　自從第二次世界大戰，我們引進了許多不同的模擬器。第
一件就是直立的人形目標。當目標出現在士兵眼前，他們練習
射擊，而且是直覺式的射擊。當真正的人出現在他們面前，他
們可以成功轉化模擬器的數據。

　　今天，我們使用更高階的模擬器。警方用的模擬器是大螢

幕的電視，上面有人。警察用的槍就像你在任何電玩裡看到的槍一樣，只是遊樂場把保險關掉了……無論誰在做市場行銷，電玩工業都必須問問自己，怎麼可以一方面賣給軍方，一方面把同樣的東西賣給兒童，還說這是無害的。

賣給軍方的某些暴力電玩可能是教導士兵戰爭技巧的優秀教材。《決勝時刻：現代戰爭二》（Call of Duty: Modern Warfare 2）就是挪威殺人犯安德斯·布雷維克（Anders Breivik）的絕佳「訓練模擬器」。二〇一一年，布雷維克炸了奧斯陸（Oslo）的政府建築，然後到烏托亞島（Utoya）的夏令營謀殺了六十九個人，多半都是年輕人。殺手承認他喜歡玩《決勝時刻》。英國《衛報》（Guardian）的電玩記者賽門·帕金（Simon Parkin）認為《決勝時刻》只是心理病態的工具，而不是起因。他寫道：「毫無疑問，破碎的人會吸取他們尋找的啟發，以餵養他們的瘋狂。」並且，沒有一個創造者可以確保他們的作品不會被誤用。其他人則認為他的言論無異火上加油。

一項研究測量社會排斥對自戀以及隨之產生的攻擊性的影響，發現如果一個人原本就很自戀，又被同儕排斥（或自認被同儕排斥），他們之後對別人會非常有攻擊性──類似大規模槍擊案的模式。維吉尼亞理工學院（Virginia Tech）槍擊案之後，記者大衛·凡德瑞爾（Von Drehle）很快指出，這種殺手的極度自我中心是「森林」，所有其他的元素──槍、電玩、歌詞、色情──「只是樹而已」。凡德瑞爾說：「只有自戀的人才會決定要用陌生人的血來凸顯他的疏離。」但是，自戀的人花越多的時間單獨與「樹」相處，就越會沉溺在自我中心的思考

中，越會覺得自己的行為是有理由的。

一九八二年，美國衛生署長埃弗里特・庫普（C. Everett Koop）在匹茲堡大學（University of Pittsburgh）西方精神醫學院（Western Psychiatric Institute）演講，提出警告說電玩可能對年輕人的健康有害：「越來越多人開始瞭解電玩對心智與生理的不良影響⋯⋯電玩沒有建設性⋯⋯一切都是消除、殺戮、毀滅。」那是三十年前了。那時候，遊樂場最受歡迎的遊戲是《打氣人》（Dig Dug）和《小精靈小姐》（Ms.Pac-Man），玩家在迷宮中躲避鬼怪，把小球打下來就可以得分。

今天，很多人會同意暴力電玩和銷路好的電玩是同一回事。有攻擊傾向的兒童更會受到暴力電玩吸引，但是反過來，暴力媒體也可能使他們更具攻擊性。這可能是因為大部份電玩會獎勵玩家的暴力行為，常常允許他們因此晉升到更高階層。最近的研究顯示暴力電玩和現實生活的攻擊性有關。無論是成人或兒童，玩過暴力電玩之後都會更具攻擊性。一個人如果認同電玩中的暴力角色，扮演這個角色時往往能夠採取攻擊性的行為。電玩強化了他的攻擊性。就像變形效應，越來越多的數據顯示我們的腦子會直覺地模仿我們遇到的其它心智，即便這些心智是想像出來的。

對某些玩家，去敏感化和鏡面效應與電玩的上癮性結合起來，便能引起災難了。

《電玩歷史》（*The Ultimate History of Video Games: The Story Behind the Craze that Touched Our Lives and Changed the World*）的作者史蒂芬・肯特（Steven L.Kent）說，在一九三〇年代，電玩的前身彈球機就已經置入「發獎金」的概念——結合遊戲和賭博。政府很快的禁止

任何彈球機。禁令生效幾十年，直到彈球機玩家證明玩的技巧多於運氣，才讓這個工業有了更多合法性。一九四七年，工程師哈利・邁普斯（Harry Mabs）發明了彈球機的操控器，很像電玩遊戲機的操控桿和按鈕，讓玩家與遊戲之間更有互動，並且有機會發展技巧。

　　三十年後，開始流行遊樂場的電玩遊戲。為了賺錢，廠商需要玩家在每一場遊戲上花不到兩分鐘的時間。因此公司必須創造有意思的影像、原創的故事和簡單的目標。遊戲很容易學，但是很難玩得好，大家一旦開始玩就會一直玩個不停。這個策略很有效。一九七〇年後期，日本有太多人玩《太空侵略者》，竟然發生全國硬幣短缺，人們圍著能夠成功進階的玩家看他玩。得到高分可以讓人擁有公開的優越地位和個人滿足。

　　再過了三十年，今天的電玩業招募了頂尖才華——從設計師到得過葛萊美獎（Grammy）的作曲家——看起來就像好萊塢大製作的電影，甚至更好。電影和電玩裡最受年輕男性歡迎的主題就是駕駛、運動和戰爭。唯一的不同是，電玩的玩家得以主控一切。如果不喜歡遊戲規則，他們還可以作弊（例如密碼和破解，讓玩家有特權），玩到超過他的技巧的層級，更能控制遊戲。社交遊戲，例如《魔獸世界》的設計就是要玩家持續不斷的玩，獎勵角色的進化，當玩家獲得更多武器和技巧時，可以擁有更高的社會地位，遊戲就更讓人有成就感了。玩家自然會很高興知道有這個無限世界的存在，他的成就永遠都在那裡，隨時可以回去，從上次結束的地方重新開始。但是，當虛幻世界取代了現實，高興就可能變成依賴了。

山姆大叔進階為2・0

　　格羅斯曼中校在一九九九年國會公聽會裡說過，暴力電玩有越來越多的應用方式。例如，擬真的戰爭暴力電玩被用來治療有創傷後症候群的退伍士兵。類似電玩的數位科技也成為軍事操作的一部份了。《為了戰爭》（*Wired for War*）作者辛爾（P.W. Singer）提出他的憂慮：

　　科技和戰爭是分不開的。你看看我們周圍的一切，從網路到噴射引擎都是軍事驅動出來的科技。科技打開了新的疆域，我們可以走的新方向，同時也創造了新的問題，需要找出答案⋯參加戰爭意味著你得去一個危險的地方，可能再也回不了家，再也看不到你的家人。現在讓我們比較一下無人駕駛機《掠奪者》（Predator）的駕駛。他坐在電腦螢幕前，把火箭射向敵人目標，殺死一堆敵人。然後下班，開著自己的車子回家，二十分鐘後，坐在餐桌前和孩子討論他的功課。

　　辛爾指出了重要問題。認同一個暴力的化身，或是讓自己遠離現實世界真實發生的、直接的暴力行為，將如何影響我們看待自己？如何影響我們真實世界的行為？電玩能夠讓玩家對別人，以及自己的感覺不那麼敏感嗎？

　　《赴戰時發生的事》（*It HAPPened on the Way to War*）作者雷・巴爾考特（Rye Barcott）說，二〇〇五年伊拉克戰爭正激烈時，美國海軍的年輕軍人一回到營房就整夜玩暴力電玩，第二天像行屍走肉似的回到前線。這是常見的模式。

　　美國軍人賴瑞・迪拉爾（Larry F. Dillard Jr.）中校說：「電玩永遠無法取代真實。」但是很難說。

　　奧森・斯科特・卡德（Orson Scott Card）寫的兒童科幻小說《戰爭遊戲》（Ender's Game）很受歡迎。主角安德就讀戰爭學校，最後經由他的聰明和詭計取得學校最高排名。一開始，安德和同學一起用3D戰爭模擬器練習駕駛太空船，然後逐漸變成和名為弗米克斯（Formics，也稱為壞人）的外星種族一戰再戰。安德快累癱了，晚上一直做噩夢，白天也忘不掉。「期末考」時，安德的隊友在一個小星球附近被一千倍的敵人包圍。安德決定用致命武器毀滅這個星球，同時殲滅了所有的敵艦。他希望自己毫不留情的行動會讓學校開除他。結果發現所有的戰爭其實都是使用真正的戰艦，他的行動有效中止了和外星人的戰爭。

　　我們心裡第一個想到的問題是：如果安德知道這不只是遊戲，還能夠殺死「壞人」嗎？如果遠離實際的行動會讓人更有效率、更不致危害士兵，軍方為何不朝這個方向發展？

　　更何況，年輕人，尤其是年輕男性，如此沉迷電玩遊戲。《連線》（Wired）雜誌特約編輯諾亞・夏克特曼（Noah Shachtman）說，軍方瞭解必須配合現在沉迷數位世界的年輕人，才能招募到下個世紀需要的三軍士兵。但是，今天的年輕人能夠瞭解自己使用非直接接觸的科技時，他們的行動將造成何種影響嗎？

　　目前，正在使用這種科技的軍人可能實際參戰過，他們穿著軍服去工作，時時提醒他們，在一個地方按的按鍵，會在地球的另一個地方有實際的影響。我們必須警惕自己，現在的兒

童成長時一直浸潤在擬真的數位娛樂裡，覺得自己參與其中，
卻沒有實際身體體驗。這些孩子花太多時間在「局部」（Trees）
裡，不會有同樣的同理心，因此可能做出比較不人道的決定。
尤其是化身科技可能在真實世界成為致命的武器。

CHAPTER **12** | **酸葡萄：權利與現實**

　　飢餓的狐狸看到棚架的蔓藤上掛了許多串漂亮的葡萄，他用力跳到空中，想要吃葡萄。但是一直都搆不到。牠放棄了，走開的時候不以為然地說：「我以為葡萄已經熟了，現在才看到其實還很酸。」

　　—— 伊索（Aesop）的〈狐狸與葡萄〉（*The Fox and the Grapes*）

　　遇到壓力，很多人會調整自己對現況的認知，以維繫自我的完整。〈狐狸與葡萄〉故事的核心訊息不是狐狸吃不到葡萄，而是牠對自己的失敗所作出的反應。牠用一點自欺維持住了自尊。匹茲堡大學（University of Pittsburgh）榮退教授埃須里曼（D.L. Ashliman）說：「（這個故事）因此這麼吸引人。每一位讀者都可以根據自己的期待和需求，對狐狸的自欺有所反應。我們可以批評狐狸不誠實和不一致，我們也可以恭賀牠如此實際，擁有正向自我形象。」

　　狐狸的反應維繫了自我形象的完整。史丹佛大學（Stanford

University）社會心理學者克勞德・斯蒂爾（Claude Steele）首先於一九八八年描述了自我肯定的理論。二十年後，他的學生，心理學者大衛・修曼（David Sherman）和喬飛・豆漢（Geoffrey Dohen）在自己的研究中描述了自我肯定的強有力角色：

（理論）主張，自我系統的一般目標是保護自我的完整、道德性和是否足以適應的形象。當自我完整的形象受到威脅，大家會為了重建自我價值作出反應……一個方式是用防衛式的反應，直接減低威脅。另一個方式是肯定另一種自我完整性。這種「自我肯定」滿足了面對威脅時保護自我完整性的需求，可以讓人們面對有威脅性的事件和資訊，而不必用到防衛性的偏見。

他們說的就是面對威脅時，我們可以用防衛來處理，也可以用更好的方式，主動提升自己的完整性。

年輕男性的態度很像狐狸。現代西方社會特別重視自我，妄想的自我形象使我們脫離了日常生活。很多人將舒適與快樂混為一談，寧可要熟悉的事物，而不要真相。我們這種講究政治正確的文化扼殺了任何形式的批判式分析。雖然用標籤來汙名化別人會傷害人，但是標籤也讓人將問題客觀化，逃避改善自己的個人責任。正如已故諧星喬治・卡林（George Carlin）指出的，我們的語言彌漫著逃避現實的態度，甚至影響我們如何看待四周發生的事情。大家共同發明了「柔性語言」遮蓋真相。他說：「廁所衛生紙叫做面紙……垃圾場叫做掩埋場……局部陰天變成局部晴天。」

　　西方文化呈現令人困惑的、不滿足的現實，充滿扭曲的想法。例如，過去三十年裡，美國高中生的平均表現並未提升，但是成績卻過度膨脹。一九七六年，只有百分之十八的學生平均成績拿到甲等以上，到了二〇〇六年，百分之三十三拿到甲等以上——增加了百分之八十三！同時，每週花十五小時以上的時間做功課的學生卻比一九七六年少了百分之二十。也就是說，我們支持成功的幻象。他們做得更少，卻得到獎勵。

　　英國也是如此。許多人猜測成績有大幅放水。從二〇一二年到二〇一四年，得到二‧二以上優良成績的大學生人數從百分之二十五升到了百分之七十。是因為學生表現更好嗎？還是大學面對財務壓力，不想失去付全額學費的學生？不想在大學排名榜上落後？還是想製造足夠達到最低成績標準的學生——英國百大企業中，有四分之三的公司要求新進人員成績需要達到二‧一的最低標準。

　　我們告訴年輕男性，他們可以成為任何人。可是感覺上不像這麼回事。現代壓力要求我們在人生的各方面一直表現完美——學校、事業、社交、性——我們無法責怪年輕人試圖在其它環境尋找肯定，例如色情網站、電玩，甚至幫派，或是他們慶幸自己的焦慮和沮喪被診斷為其他年輕人也有的現象，例如過動症，有了標籤反而感到輕鬆。

　　對於無法轉換到現實世界的年輕男性，這個隔閡創造了一套不同的規則和自我概念。發展心理學者艾力克‧艾瑞克森（Eric Erikson）認為，自我認同就是自我面對外在世界和潛意識的結合。他相信，二者之間成功的均衡就可以構成穩定的自我概念。艾瑞克森說，青春期是形成自我認同的最重要時期。這

讓我們不禁想到，如果青少年經由模擬人生尋找他的認同，而不是經由真實世界的日常考驗與苦難，那麼，他的認同能夠有多穩定？「高度的自我形象會自動轉化到真實世界」的假設非常不正確，年輕男性可以逃到他的平行世界去，大部份時間躲在螢幕／幫派／標籤後面——得到緩衝或面具，將他和社會大眾隔離開來——他最後仍將面對無法逃避的現實，很可能引發嚴重的認同危機。

詩人兼哲學家羅伯特·勃萊（Robert Bly）和心理分析師瑪莉恩·伍德曼（Marion Woodman）稱之為「巨大的失望」。利奧納德·薩克斯（Leonard Sax）說，我們的文化在準備孩子面對「發現自己不是未來的偉人」上面做得非常糟糕。

青春期之前的兒童有一種精神特質，就是他們覺得「很棒的事情即將發生」。青春期開始之後，他們一路摸索，忽然覺察到其實不會發生很棒的事情。這個時刻就是「巨大的失望」。在我們文化裡，這個時刻往往被延遲到年輕成人的階段，二十多歲的人終於明白他們永遠不會參加奧運，或成為下一個偶像歌手或電影明星。

薩克斯說，兒童應該在青春期學習了解自己的能力和限制。在我們這種人口眾多的社會裡，大部份的人必須學習接受「我們並不比別人特別」的事實。身為一個成熟的成人，意味著我們明白自己不會出名或成為雜誌封面人物。社會並沒有讓年輕人準備好，面對這個覺悟，因此成為成人的過程頗為困難。電玩讓玩家成為宇宙的主人。對很多年輕男性而言，他們只需要這一點滿足就夠了。

過度打電玩的年輕男性往往從電玩中得到肯定，會逃避任

何影響他打電玩的事情。電玩帶來的肯定已經深深植入他的自我認同了。因此，當他們的活動受到質疑時，他會受到雙倍的威脅，因為他們自身也同時被批評了。虛擬行為和自我可以彼此互換。待在他們喜歡的虛擬空間可以為他們提供護身盔甲，將任何刺穿自尊的不一致性排除在外。

　　大部份的人都多多少少會做這種事情──我們幾乎都有某種網路人格。生活腳步不斷加快，新事物很快地變得熟悉，然後變成舊事物，然後消失。西方文化越來越將科技視為理所當然，我們覺得有權利擁有。諧星路易（Louis C.K.）在《康納深夜秀》（*Late Night With Conan O'Brien*）說：「一切都很驚人，卻沒有人快樂。」

　　現在全都是「我我我」。針對一九六〇年到二〇〇八年出版的七十五萬冊書所作的分析，珍‧特文奇（Jean Twenge）和同事發現，第一人稱複數（我們）降低了百分之十，第一人稱單數（我）則增加了百分之四十二，第二人稱（你、你們）則成長了四倍。我們對於無法滿足個人需求，或是滿足得不夠快的事物，很容易就失去興趣或加以忽略。但是還有些什麼東西啃食著我們，每當我們沒有把臉埋在某種設備中，就會有一種不舒服的感覺。不盡然是寂寞。比較像抓不到的癢處。我們知道，只要我們願意，大可以停下來，一個人坐著，或是解決任何出現的問題，但是我們不願意想一想問題是什麼，或是用點力氣解決問題。我們一直抱怨或忽視引起這種感覺的事情。我們稱之為「第一世界的問題」。

　　為什麼現在的年輕人覺得自己有權利擁有這一切呢？一個原因是很少人親身參與製造或維修這些他們視為理所當然的東

西的過程。以前只有富人不知道車子構造,現在簡直沒有年輕
人知道。他們就只是把車子開到車廠去,讓人用電子儀器診斷
問題所在,再用特別的工具修好。我們根本看不到創造和維修
的過程。大部份有車的年輕人從來不看一看車蓋下面是什麼,
甚至不知道電瓶在哪裡,直到車子拋錨,才發現沒有電纜,無
法借別人的電瓶再次發動。

　　就像我們必需把人當做人來看待,才會對他有同理心一
樣,為了全心欣賞任何東西,我們需要知道製作這件東西所需
的努力和資源。如果成長時經常得到別人給他的東西,或是惹
了麻煩不用負責,他不會欣賞這些東西,也不會培養創造,他
只會擁有。他學到期待一切,操控別人以便得到他認為自己需
要的東西。現在許多年輕人完全不懂得敬畏。他們和現實脫
節。同時,他們發展出一套信念,認為任何藍領階級的勞力工
作都不值得他們做,無論這個工作需要或不需要技術,甚至薪
水比許多白領階級工作的薪水都更多,例如水電工作。

　　一九六九年,滾石樂團(Rolling Stones)發表《你不可能事事
順心》(You Can't Always Get What You Want)。歌詞說如果你夠努力,
就可以得到你需要的東西。這首歌非常受歡迎。今天,根本不
會有人製作這樣的歌曲。只有不懂得如何操作系統的人才需
要努力工作──笨蛋──年輕人沒有耐性或欲望學習如何建立
成功的基礎,也不願意嘗試,因為一旦失敗了,別人會取笑他
們。

　　加州大學(University of California)洛杉磯分校進行了二〇一三
年的GIRP大一調查(GIRP Freshman Survey),目標是全美國的大
一新生。研究者注意到大一新生認為自己很有合作精神,願意

容忍信念不同的人，但表示當自己的信念受到挑戰時，無法保持開放的態度。同樣的，約瑟夫森倫理學院（Josephson institute of Ethics）針對年輕人的道德態度所作的調查顯示百分之四十五的男孩（百分之二十八的女孩）「同意」或「強烈同意」以下這句話：「一個人有時必須說謊或欺騙才能成功」。兩倍於女孩的男孩同意或強烈同意「如果大家都這麼做，就不是欺騙」。等一下，把這句話重說一遍。即使不道德或不符合倫理，只要大家都在這麼做，就可以接受。這種態度讓好人有藉口去做壞事情，只要別人也在這樣做。

如果你有免費牛奶喝，為什麼要買一隻牛？

《非自然選擇：選男不選女，一個充滿男人的世界的後果》（*Unnatural Selection Choosing Boys Over Girls, and the Consequences of a World Full of Men*）作者瑪拉·文斯坦達（Mara Hvinstendahl）說「世界上男性比較少」只是一個迷思。一般而言，女性壽命比男性長，但是自然的出生比例是每一百個女嬰就有一百零五個男嬰。為什麼出生時男比女多，最後卻是女性比較多呢？

《男人有啥優點：文化如何利用男人而興盛》（*Is There Anything Good About Men?: How Cultures Flourish by Exploiting Men*）作者——社會心理學家羅伊·鮑梅斯特（Roy Baumeister）提供一個很有意思的解釋。他認為，有史以來，任何女性的生育機率都很高，因為只要女人不冒險，願意隨俗從眾（大部份女性確實如此），又剛好有男性出現，願意和她發生性關係，她就可以懷孕生子了。女人不需要航向未知之地或探索新大陸——探險的死亡率

很高──才找得到生孩子的夥伴。也就是說,我們的女性祖先追求安定。

　　男人則必須用非常不同的策略才找得到夥伴。古時候的大部份男性都沒有留下現代的子孫,策略保守、隨俗從眾的男人更是很難有至今存活的子孫。如果男人想要延續血脈,就必須懂得獲取資源、有創造力、冒險、探索新的可能。鮑梅斯特說:

　　以文化而言,最佳策略就是讓男人彼此競爭,以得到尊敬和其他分配非常不平均的獎勵。男人必須證明自己,創造社會認為有價值的物件。他們必須在文化競爭中戰勝敵人。或許這就是為什麼男人沒有女人可愛的原因吧。

　　文化利用男人的主要方法就是基本的社會不安全感。事實上,不安全感具有社會、存在、生物的意義。男性角色天生的危機就是不夠好、不被接受或不被尊敬,甚至無法繁衍後代。

　　男性的基本社會不安全感給他很大的壓力,一點也不意外地,很多男性會崩潰、做壞事、逞英雄、比女性早死。但是,這種不安全感很有用,對文化和系統有建設性。

　　鮑梅斯特指出生物學家傑森.威爾德(Jason Wilder)的研究。威爾德檢查了當代各種人口的遺傳基因,發現人類祖先大約有百分之六十七女性,百分之三十三男性,表示說有些男性能夠和很多女性生孩子,而大部份的男性根本沒有任何孩子。這種不均衡的分佈有一個例子。十三世紀蒙古的征服者成吉思汗的兒子有很大的後宮。根據最近的遺傳證據顯示,原本蒙古

大帝國版圖內的現代人口中，有百分之八男性都是成吉思汗的
後代。

自古以來，延續血脈的動機驅使男性冒險。這個動機的缺
點就是，當身邊有很多性交機會時，男性會變得懶惰。一般而
言，只要男人很容易得到有吸引力的女人，就會覺得不需要花
更多力氣、時間或金錢引起女性注意。在大學校園中，這一點
尤其明顯。大學裡，平均每一位男生就有一‧三三位女生。養
老院也有失衡現象，女性遠遠多於男性，往往超過二比一。在
俄國或烏克蘭，每一百位男人就有一百一十六位和一百一十七
位女人。這兩個國家的老女人也比老男人多很多，就連人生精
華階段（二十五歲到五十四歲）的男女比例也是失衡的，女性
比男性多。能夠成為結婚對象的男性較少，形成「男性短缺」
的現象。

瑪莎‧古登泰格（Marcia Guttentag）和保羅‧西考爾德（Paul
F. Secord）在一九八三年寫的《女人太多？性比例問題》（*Too
Many Women?: The Sex Ratio Question*）書中首次提出古登泰格—西考爾
德（Guttentag-Secord）理論。他們認為，較少數的性別成員會比
較不依賴自己的伙伴，因為他們擁有很多其他機會，比人數較
多的性別成員擁有較多的勝算，佔了優勢。當女性人數較多
時，男性會變得花心，不願意遵守一夫一妻制。女性太多或適
婚男性太少的社會中，婚姻比例較低，願意結婚的人也會晚點
結婚。男性有許多對象可以挑選，女性的工作和傳統角色就比
較沒有價值了。這些女性無法依賴伙伴一直待在身邊，更多人
會選擇追求學業或事業，以便支持自己。

並非偶然的，有些東歐女人願意當郵購新娘，跟外國人結

婚，以便擁有更好的生活形態和更多的機會。許多東歐國家人口成長呈現負數，即使女性移民比移入的男性移民多。

大學校園中，戀愛關係的數字下降了，一夜情的數字則上升了。我們訪談過的女大學生表達了擔憂：

現在的男生和女生都非常忙碌，科技使得大家很容易和很多人接觸，找到合適的安排。例如，一位朋友（紐約）幫一家地位很高的投資銀行工作，非常的成功。她和一個她喜歡的男生每週「約會」三次。很多二、三十歲的男女都是這樣。我個人認為很多女人已經厭倦了這種生活（可能因為最後希望組織家庭），但很多男人明白，他們非常容易取得不用表態、無需解釋自己的關係。在我們的世界裡，我們先交換體液，再自我介紹。你可能和某個人睡覺，但是如果你問他是否也和別人睡覺，就顯得太躁進了。現代城市例如倫敦、紐約、舊金山等等，都讓兩性得以擁有小飛俠彼得潘的生活——尤其是異性戀男性——總是可以找更年輕的對象。我不是在抱怨，這些都是事實。

我認為最大的挑戰之一就是這個現象對家庭動力的影響。現在受過良好教育、擁有權利、成功的女性不想要沒用的丈夫，大部份男性不想比妻子劣勢。這會讓我們變成以個人為單位，而不是以家庭為單位的社會嗎？

我們訪談過的一位二十七歲男性，他說：「男人只會跟女人要求他們的那麼好。」這句話讓我們思考，容易取得的性會如何影響男性追求其他人生目標的動機？性這麼容易取得，會

不會讓他們覺得也可以用最少的努力和計劃就可以達到其它目標呢？可以說，我們的目標受到演化驅動，我們的努力大部份只是整套複雜的交配儀式的一部份。但是，過去的獎品——性伴侶（繁衍自己的基因）——會是努力或至少是聰明計劃的獎勵。今天，獎勵是免費的，無須努力就可以得到，那還剩下些什麼呢？這像是吃飯前先吃甜點一樣。

薩克斯在《女孩危機：造成女孩危機的四個元素》（*Girls on the Edge: The Four Factors Driving the New Crisis for Girls*）書中訪談了一位年輕女性。她說現在的年輕男性要的都是無須負責的性，完全不知道如何滿足女人，或不在乎如何產生情緒連結以建立關係。薩克斯指出，因為現在的男孩和女孩比自己的父母在更早的年紀就開始有性行為，男孩更自我中心，更不成熟。約會轉變為尋找一夜情。年輕男性覺得更無需在意年輕女性。從年輕男性的話語中看得出來，色情影片越來越有影響力。很多人熱情地談到他們喜歡的網站，並且告訴薩克斯，如果他們必須選擇對著色情網站自慰或是和真正的女人約會，他們會選擇色情網站。在我們的學生調查中，一位年輕男性說他有許多男性朋友和真正的女性發生性行為之後都感到失望，因為她們不像色情明星那麼好看。

有趣的是，《性與婚姻治療期刊》（*Journal of Sex and Marital Therapy*）發表了一篇最新研究，顯示無論男女，看過色情影片的人在三項常用的自戀問卷上得分較高，看色情影片的時間越多，自戀的程度也越高。自戀是慈悲之敵，表示他不願意成為身邊社交圈的一部份，除了自己之外，不覺得有責任讓任何人的生活過得更好。

CHAPTER 13 ｜ **女性的崛起？**

　　自從一九六〇年代，女性收入上升了百分之四十四，男性收入則只上升了百分之六。二〇一〇年，針對二十二歲到三十歲、沒有小孩的都會就業單身者的研究，發現女性收入比男性還多了百分之八。一九六〇年，有孩子的已婚女性收入比丈夫多的比例是百分之四，到了二〇一一年上升為百分之二十三。現在大學學士學位中，有百分之六十是女性。這個往上升的趨勢還會持續下去。在英國，估計到了二〇二〇年，女性將擔任超過三分之二的高級技術職位。

　　美國法律不斷延伸女性的權利，讓女性受惠——例如美國食品藥物管理局（Federal Drug Administration, FDA）在一九六〇年代初期允許使用和發配避孕藥。一九七二年，民權法案教育修正案（Educational Amendments to the Civil Rights Act）第九條也為女性帶來權益。法條要求教育上的兩性平等，要求教育機構支持女性運動員。一九七三年，羅訴韋德案（Roe v Wade）允許女性進行安全合法的墮胎。一九九三年，家庭醫療假法（Family Medical

Leave Act）允許女性產後請育嬰假，或是家庭遇到危機時可以請假。同時，英國法令也改變了，例如一九七○年的同酬法案（Equal Pay Act）和一九七五年的性歧視法案（Sex Discrimination Act）[12]——歧視女性變成違法，保障女性在職業訓練、就業和教育上有同等機會。一九七四年開始，國家健康服務處（National Health Service）無視女性的年紀或婚姻狀態，都提供免費避孕材料。

一九七六年，太空總署（NASA）開始接受女性太空人。一九八三年，薩莉‧萊德（Sally Ride）成為美國第一位上太空的女太空人。其實，一九六三年，俄國人瓦蓮京娜‧捷列什科娃（Valentina Tereshkova）已經成為全世界第一位上太空環繞地球的女太空人。聯合國（United Nations, UN）於二○○八年發起「消除對婦女的暴力」（End Violence Against Women）活動，提升全球大眾與政治上對預防暴力與政策的覺察。二○一二年的倫敦奧運是奧運史上首度每一個項目都有女性參賽。全球各地都越來越關注女性議題。

我們非常高興，女孩與女人的地位、權利和各種能力都在提升。慢慢地，玻璃天花板正在消失，有才華的女性可以升職，擁有企業最高職位。今天，只要女性願意努力取得成功，幾乎所有職業都能做了。我們相信，玻璃天花板的守護者都是上一代的老男人，還活在「紳士俱樂部」的思維裡。當他們通通退休了，我們相信更多有能力的女性會晉升到公司的頂端。

---

12 二○一○年，平等法（Equality Act）取代了這些法令，進一步禁止歧視宗教、殘障、性取向、孕婦和年紀。請參 www.legislation.gov.uk 網站。

　　然而，還有許多應該改善的地方。二〇一四年，女性在美國國會、參議院和眾議院只佔了百分之十八至百分之二十一的席位。英國倫敦金融時報（FTSE）百大企業中，女性只佔了百分之二十一董事職位。不過，二〇一一年還只有百分之一十二·五席位，已經增加很多了。議會裡只有不到四分之一的席位是女性。女性主義者勞拉·貝慈（Laura Bates）指出，英國國會的女性比例在一百八十六個國家中，名列第七十四，排在蘇丹和中國的後面。要知道，蘇丹奉行伊斯蘭法，而中國有「剩女」一詞催促專業女性趕快結婚。

　　女性收入除了二十多歲時比男性多之外，其他時候仍然落後男性。統計顯示，同樣的工作，男性賺的每一塊錢，女性只賺七十七分錢。這個統計──白宮在二〇一四年都還用這個數字──其實有誤導之嫌。《經濟學人》（*Economist*）雜誌就指出，如果僱主可以用男性員工薪水的百分之七十七雇用女性員工，他們一定早就這麼做了。股東會歡歡喜喜的把省下的錢放進口袋。事實上，百分之七十七的統計數字來自全職女性與男性員工的薪水。造成差別的部分原因是男性每週工作時數較女性長。例如在英國，有百分之十八男性全職員工超時工作，但只有百分之六女性全職員工超時工作。男性不會因為生產請假，而且有較多男性從事薪水較高的工作，例如工程師。

　　《經濟學人》建議，讓女性留在崗位上（如果她們選擇這麼做）的政策會是往正確方向的一大步。美國是西方國家中的異數，沒有法令規定身為母職或父職的人有薪育嬰假，也沒有費用合理的育兒服務。

我們需要性別民主嗎？

　　加州榮退教授露絲‧羅森（Ruth Rosen）在《裂開的世界：現代女性運動如何改變美國》（*The World Split Open: How the Modern Women's Movement Changed America*）書中說，女性「像男人，也不像男人」，社會不尊崇女性養兒育女的態度「顯然侵犯了她們全然參與社會的權力」。羅森認為，迫使女性像男性一樣生活的社會不是民主社會。她說，真正的「性別民主」必須尊崇家庭生活，就像尊崇職業生活一樣。

　‧我們確實應該尊崇對家庭的付出，但是應該將此原則應用在母親和父親雙方。最新的皮尤研究中心（Pew Research Center）調查顯示，更多男性表示全職工作比較適合自己，但是同樣多的男性和女性表示，寧可在家養育孩子也不要出去工作。調查中，有百分之五十六的母親和百分之五十的父親覺得很難平衡工作和家庭的責任。百分之二十三的母親說，她們和孩子相處的時間「太少」，百分之四十六的父親——兩倍——希望花更多時間和孩子相處。這個差別可能解釋了為什麼有更多女性和比較少的男性認為自己的親職表現很棒或非常好。

　　雖然對自己的親職表現更有信心，女性對於事業與家庭孰重的議題上還是有內在壓力。《大西洋月刊》（*Atlantic*）雜誌發行以來，讀者最多的文章是學者安瑪麗‧斯勞特（Anne-Marie Slaughter）寫的〈為何女性仍無法擁有一切〉（*Why Women Still Can't Have It All*）。斯勞特是前任國務院（State Department）政策計劃（Policy Planning）主任。她認為必須改變「在工作與生活之間取得平衡」的觀念。她寫道，她發現身為政府高層主管，雖

然她的丈夫願意在她任職華府的階段扛起大部份的親職責任，仍然很難達到她想要的工作表現，同時成為她想成為的家長。她說，她相信女性（以及男性）都可以同時擁有一切，但是以當代西方社會和經濟狀況而言，目前並不可能。她說，位居高層領袖地位的女性應該明白，絕不能靠著個人野心和紀律就可以「擁有一切」。許多在外工作的女性掙扎著賺錢養家，或是支持失業的丈夫。況且，好的幼兒托育簡直可以拖垮銀行，學校和活動的時間表往往和工作需求相互衝突。她舉出經濟學者賈斯汀·沃爾弗斯（Justin Wolfers）和貝姿·史蒂文森（Betsey Stevenson）的研究，雖然女性比四十年前擁有更高的薪水、更多的教育機會和更好的社會地位，女性卻比以前更不快樂。斯勞特建議，為了創造一個適合女性的社會，我們必須選出女總統和五十位女性參議員，消除「領導差距」，女性才能均衡地發揮力量，在司法和領導階層擁有平等的地位。

我們同意，如果有更多女性從政並位居領導地位是一件好事。公司企業如果啟用「友善家庭」的政策，將可以找到並留住更多有才華的女性員工。我們推測，工作與生活的平衡確實會改善每個人的人生，但是前提是必須支持母親和父親的權益。例如，英國男性只有一到兩週的有薪育嬰假，女性則可以請五十二週的有薪育嬰假，以及另外三十九週百分之九十薪水的育嬰假，有需要的人還有額外的政府補助。如果要創造真正的公平和兩性合作關係，我們必須超越目前專注於女性（很多男性因此覺得被排除在外）的討論，朝向更人性的討論，對象包含每個人。如果男性在家中的角色得到支持，因此減輕了許多女性在工作與生活之間的緊張，同時也讓男性更能參與家庭

和社區，那麼，女性真正想要的情況確實可以發生。

　　越來越多的女性發現，雖然她不一定希望單身，但是她們的生命不需要有男人才能達到個人、社會和愛情的目標。對許多女性而言，這是解放。確實也應該如此。但是我們需要記得，女性信心越來越強之時，可能反過來影響男女之間的和諧。女性越是將個人長期目標和男性分開，性別之間的社會裂隙就越大。為了盡量縮小差距，我們討論兩性平等時，必須歡迎男人和男人議題的參與。

重疊的挑戰

　　我們在本書第一部份提出了男性行為的負面趨勢，這個現象不限於男性。體重過重的女性也很多——在許多已開發國家中，女性肥胖比例和男性相當，在比較未開發的國家中，甚至更多。珍・圖溫吉（Jean Twenge）和基斯・坎貝爾（W. Keith Campbell）在《自戀時代》（*The Narcissism Epidemic*）書中指出，從一九八〇年代到今天，大學生的自戀個性快速增加，「女性的轉變尤其明顯」。年輕男性仍然比較自戀，但是年輕女性也很快地追上了。只要想一想不斷推銷給女孩的「公主」宣傳就知道了——很奇怪的，很多家長覺得這些商品很「可愛」，全心擁抱。他們沒想過，像是《冰雪奇緣》（*Frozen*）和《灰姑娘》（*Cinderella*）之類的電影會讓他們的女兒誤以為長大之後有權利擁有愛情和金錢。

　　談到媒體，雖然年輕男性比女性花更多時間在網路上打電玩，但是十八歲到四十九歲的女性每個月平均比男性多看十一

個小時的電視節目。這個觀察符合研究結果：針對女性不快樂程度的研究顯示，越不快樂的人看的電視節目越多。

除了懶散男性的角色之外，媒體並沒有呈現多少其他的選擇。媒體也只呈現為男人瘋狂的女性，整天只顧著引誘男主角，不做別的事。貝克德檢驗（Bechdel Test）是個非正式的檢驗系統，憑著三個簡單的項目將影片分類：過關的電影必需「至少有兩位有名字的女性出現，彼此之間有對話，對話內容與男性無關。」很少電玩能通過貝克德檢驗。只有一半的電影能夠通過。這個檢驗並不完美，有些過關的電影仍含有性別歧視的內容。然而，有些戲院和組織——例如瑞典電影學院（Swedish Film Institute）——認真看待貝克德檢驗，用它來檢視影片是否歧視女性。

女孩比男孩更著迷社交網絡和手機。例如，一位二十多歲的女性告訴我們，她妹妹正在念高中，每天花好幾小時梳頭髮、化妝，就是為了在臉書上發表自拍照，讓她的朋友以為她要出門去玩了。實際上，她一發表了自拍照，就卸妝睡覺去了。十四歲到十七歲的女孩每天也比男孩多送出一百多條的簡訊——男孩發出和接收的訊息總和的兩倍多。

雖然有這些「社交」行為，女性之間往往很難表達自己對彼此和對狀況的真正情緒。有些男性喜歡社交上的強烈互動，女性通常比較喜歡愉快的社交狀況，避免任何衝突。很不幸的，老一輩女性教給下一代的是：如果沒有「好聽」的話可說，就不要說——直接——任何話。最近，我（妮基塔）從朋友那裡聽到一個非常熟悉的狀況。她正在和「最要好的朋友」進行很難搞的簡訊對話。她感覺和朋友之間有些什麼不對勁。

她的朋友計劃舉行一場生產前的寶寶派對,卻沒有邀請她。近來,她們兩個很久沒有聚一聚了。她寄去的簡訊都沒有回音。她問朋友是不是對她生氣了。朋友回說:「不。你怎麼會認為我會對你生氣呢?我只是最近壓力很大。我們之後再約,一起喝咖啡吧。」我的朋友問身邊的丈夫,如果是他,會怎麼回覆?「我會跟他說,不要再這麼混蛋,然後我們會一起喝杯酒,繼續當朋友。」男人會直接告訴彼此心裡想什麼,即使是罵人。女性則往往不說什麼,只是慢慢疏遠,希望事情就這樣解決了,或是時間久了,問題不再是個問題。

這種態度和避免衝突的個性會延續到成年。許多年輕女性無法說話直接、對彼此打開心房,她們會覺得不自在,因為她們缺乏練習,不習慣批評別人或接受批評。如果遭受批評了,她們很難不對批評她的人生氣,即使對方是好意。相對的,男人之間的溝通反而會建立更強的信任感,因為他們知道男性朋友會對他們坦誠以告。這也讓男性更會解決衝突,取得妥協,而不是一直討好大家或「保持和平」。這可以部份解釋為什麼二〇一三年蓋洛普(Gallup)調查發現,只有四分之一女性比較喜歡有女性上司,百分之四十比較喜歡有男性上司。三分之一沒有意見。

為什麼女性說出心裡的話 —— 即使是對自己最好的朋友 —— 會這麼難呢?因為女性的社交生活,尤其是成長的時候,強烈仰賴其他女性如何看待她們。關於別人的資訊被視為權力。她們很怕得罪人,不但會失去一位朋友,而且這位朋友的意見會影響別人,導致她被其他朋友排擠。大部份女性也不希望傷害彼此的感情。在過程中,不會表達自己真正的感覺。

為了維護友誼和團結，她們真正在乎的議題不會得到解決。因此，在女性團體中，會有社交孤立的感覺。

很多現代女性，就像現代男性一樣，也開始逃避與異性的社交、關係和親密感。在日本，百分之四十五女性說她們對性沒有興趣，百分之九十的年輕女性認為單身比婚姻更好。日本研究者擔心出生率越來越低，開始研究創造人工子宮，無需母體，胎兒就可以長到足月。

在美國，《紐約郵報》（ *New York Post* ）最近觀察到一個流行趨勢，二、三十歲的女性寧可照顧狗，也不想結婚生小孩。愛狗的女性讀者說，她們會毫不考慮地放棄換尿布、面對孩子發脾氣、存錢讓孩子上大學，轉而在四腳「毛小孩」身上尋求可以預測的情感。一位女性說，照顧狗比較不麻煩，她有比較多的時間可以出門，不需要請保姆！另一位說，狗比較好，她的小狗「很棒，除了很會打鼾之外。牠甚至有自己的Instagram。載運小狗也比小孩簡單。比起養小孩，養狗比較不那麼有決定性。」美國寵物產品協會（ The American Pet Products Association ）表示，從二〇〇八年到二〇一二年，小型狗──十一公斤以下──的數量增加了百分之二十。

願意和男性組成伴侶關係的女性中，許多人對伴侶的期待不切實際，甚至根本不可能。就像色情片讓男性對性有不切實際的期待一樣，很多女性版的色情材料──浪漫愛情電影和情色小說──讓她們對男性有不切實際的期待。雖然大部份女性希望對象要高大或至少比自己高，許多成功年輕女性承認，當她們受過越多教育、經濟上越獨立時，她們要求伴侶具備的條件就越來越多，願意交往的對象越來越少。背後的原因就是希

望一旦婚姻中有了孩子，還能維持同樣或更好的生活品質及社
交地位。

　　同樣的，相對於每一百位二十五歲到三十四歲從未結婚的
就業女性，只有九十一位從未結婚的同齡就業男性。二〇一四
年，調查了一千多位男性與女性。百分之八十二的男性和百分
之七十二的女性說，第一次約會時，男性應該買單。即使關係
有了進展之後，百分之三十六的男性說都是他們買單，百分之
十四的女性說她們買單。也就是說，女性受了更多教育，經濟
上比男性更成功，但是她們比男性更不願意拆帳，分擔開銷。
或許，當男性與女性都對女性當領導人感到更自在時，或是兩
性平等時，這個現象就會改變。

地雷和蛋殼：性別與約會

　　大部份女性不喜歡別人叫她賤貨，大部份男性也會避免沙
文主義的標籤，尤其是「沙豬」。這兩個標籤都行之有年了，
非常缺乏建設性。問題是，現代男性知道有一大串不能做的事
情，卻不知道自己能做些什麼。男性沙豬越來越少了，但是在
約會的競技場中，現代男性不像以前的男性那麼果決。老一輩
的丈夫會說：「她是我見過最美的女人。」妻子會說：「剛認
識的時候，我覺得他是最糟糕的混蛋……然後他贏得了我的
心。」

　　現在，當女性說「不」，男性會乖乖退場，卻不知道以後
如何改變自己的策略。因此，大家都比較少約會了。被拒絕之
後，沒人解釋為什麼拒絕他，他只好或是繼續當個混蛋，或

是改用情聖的把妹招數。男人聽到女人說，她們想要和善良、懂得尊重她們的男人交往，卻看到這些女人對較有攻擊性、積極、不理會女性感覺的男人更好。這一點尤其令男人感到困惑。有人將這個現象與聖母妓女情結（Madonna-Whore Complex）相比較，稱之為英雄渾蛋情結（Hero-Asshole Complex）。看起來，慾望似乎有不同的規則，社會還不知道如何討論。確實，大部份女性希望她喜歡的男人渴望得到她，而不是理性的追求她，但是這種心態使得男性追求女性的過程有了灰色地帶。紐約大學史坦頓島學院（College of Staten Island, CUUY）哲學系主任馬克・懷特（Mark D. White）最近發表一篇文獻，主題是男性與女性感覺自己被渴望的經驗。他談到這個令人困惑的狀況：

　　和女人約會時，如果我要在體貼的考慮和自動出現的慾望之間試著達到合適的平衡，我會認為，沒有表現足夠尊重的代價——得罪或傷害女人——比沒有表現足夠慾望與熱情的代價——讓女性不開心，可能危及關係的成功與否——高得多了。我的思考是，我認為第一種狀態的危險比第二種大太多了，我寧可太尊重、太體貼。這可能就是諾安・史潘瑟博士（Dr. Noam Shpancer）說的「細心、試探、一直很禮貌地為你設想、問你這樣可不可以、那樣可不可以的男人，可能讓你性冷感——不是有了這些特質還讓你冷感，而是正因為他有這些特質。」

　　對很多男人而言，雖然女人說「不就是不」，但事實上，「不」往往是「或許」，要男人證明或表明——不是用性行為

的方式——她為什麼要說「好」。Redditor網上有人寫道：

　　我認為男人感到迷失。成長系統給了我們很明確的角色，現在卻告訴我們這很危險，告訴我們行為要不一樣。但是常常在某些脈絡下，女性要我們謹慎、尊重，在別的脈絡下，又要無所顧忌的慾望。一旦搞錯了，你就是太不積極（不夠有力或不夠強勢）或是太有攻擊性，太有力，像是「強暴」。我們很難知道當下應該如何採取行動。有的時候，男人因為尊重、平等而得到獎賞，但也會聽到女人說自己會幻想著男人不問一聲就佔有她。我該如何理解這些矛盾的訊息呢？女人兩者都要嗎？如果兩者都要，她如何期待男人理解她當下要什麼？或是她們其實並不都想要，她們真的只想要其中之一，但是文化給她們壓力，不得不說她們也想要另一個？

　　我們的問卷中，一位年輕男性表達了類似的看法：

　　在一個後女性主義的時代，性別角色不太清楚。二、三十歲的現代男性成長時，大家要求他敏感、體貼，把任何有攻擊性的衝動掩藏起來，但是他會發現這樣的態度一點用也沒有。二、三十歲的女性談的是女性賦權，但還是喜歡過度表現的力氣和攻擊性。敏感、禮貌、問女人要什麼會讓女人冷感，因為看起來很弱。新男性不但沒有吸引力，而且讓我不敢踏出第一步，因為我總是在擔心自己對心儀的對象是否表現過頭了，我不能表現得粗魯油滑，也不能用把妹台詞。沒有清楚界定的規則說我可以做什麼，我只知道不能做什麼——能夠得到結果的

各種招式……謝啦，我去打電玩算了。

　　女性對於「解放」感到壓力。沒有人能夠解釋「解放」到底意味著什麼。女性主義分裂成各種小團體，就是因為大家無法同意性解放是什麼。有些女性，例如坎狄達・羅耶爾（Candida Royalle）和安妮・斯普林克（Annie Sprinkle）認為色情片是女性賦權。其他人，例如安德里亞・德沃金（Andrea Dworkin）、蘇珊・布朗米勒（Susan Brownmiller）和羅賓・摩根（Robin Morgan）認為色情片破壞了女性主義的目標。雖然宗教保守人士和激進的女性主義者主張禁止色情片，從一九六〇年代到現在，社會態度已經改變了。以前期待女性一直保持純潔，結婚時仍是處女，現在認為女性應該隨時隨地準備好了，願意並能夠和男人發生性行為，而且不期待之後發展固定的關係。雖然目前的狀態已經消除了某些性禁忌，但是大部份性教育仍停留在維多利亞時代。「我們的身體，我們的選擇」聽起來很有力，但是如果沒有人了解自己的身體或選擇的話，又有什麼用呢？

　　《紐約客》（New Yorker）作家愛麗兒・利維（Ariel Levy）在她寫的《女性沙豬》（Female Chauvinist Pigs）書中討論到性物化和自我物化對年輕女性的性發展與認同所造成的影響。她研究了淫亂文化和女性「賦權」的影響，社會從爭取女性權益變成了脫衣舞課程。利維寫到，各種年紀的女性都面對了同樣的議題，但是「老一輩的女性親身經驗了女性運動，或者至少經驗了女性運動在集體意識中仍然活躍的時期，少女卻只有當下。在她們的意識中，沒有過去那個時代。那時，十六歲少女不會

去豐胸，色情明星不會寫暢銷書，脫衣舞不是社會主流……」

當年輕女性的表現好像性飢渴和慾望才是美德，社會為什麼會感到驚訝呢？畢竟，年輕女性一天到晚都身處猛烈炮火之中，不斷接觸到性感影像和時尚的生活形態。家長、同儕和媒體不斷釋出各種矛盾的訊息。我們若認為青少年會忽視身體裡的荷爾蒙、電視上的色情明星、網路上無數的色情網站，那是不切實際的。利維說，怪不得青少年不遵守傳統規則，不會為了「終生伴侶」保留自己，也無法理解性其實是為了吸引注意的表演。她建議：

不要只告訴青少年他們為什麼不可以有性行為，也要告訴他們為什麼有性行為。我們沒有協助他們分辨「性的慾望」和「希望引起注意的慾望」……如果成年女性生活淫亂，還可以說她們可能在反抗女性主義的限制。但是我們無法這樣看待少女。她們從未經驗過女性主義，根本無須反抗……全國都熱愛色情片和鋼管舞。這並不是自由且自在的社會坦然接受「性」的結果，而是在這個強烈焦慮的時空下，絕望的任性消費情色。

利維提到黛博拉‧托曼（Deborah Tolman）為了《慾望的困境》（*Dilemmas of Desire*）一書和少女的訪談。托曼發現，少女們無法分辨「被渴望的經驗」和「性行為的經驗」。少女忽視或壓抑自己的性興奮，因為她們害怕真正感覺「身體裡的性慾」會導致疾病和未婚懷孕。托曼稱之為「安靜的身體」。少女們最常感覺到的是大量的困惑和焦慮。

　　最近幾十年，女性的處境更糟了。澳洲女性主義者傑曼‧戈瑞爾（Germaine Greer）於一九七〇年寫了《女太監》（*The Female Eunuch*）一書。她說：「解放尚未發生，就連性解放也尚未發生……真正發生的是商業色情得到解放，幻想得到解放。但是人並未得到解放。」男女雙方都在尋找答案，但是在目前的政治氛圍中無法找到。

語言並不等於解放，解放才等於解放

　　我們提出女性運動裡的挑戰和矛盾，以及政客提出來關於性別的扭曲統計數字，因為女性必須知道，除非好聽的標語能反映現實，真正的女性賦權根本不存在。雖然女性運動已經頗有進展，但是現今西方社會和文化結構下的兩性都有許多真實的問題。並且，政治正確地假裝關懷女性議題會對男人產生無謂的敵意，轉移了注意和資源，無法專注在長效的改善，無法創造更有效的兩性合作。

　　《目擊者》（*Spectator*）雜誌記者尼克‧科恩（Nick Cohen）最近有一篇文章，討論到這種政治正確的有害影響：

　　我們這個時代的特色就是對於語言力量的狂熱。從一九六八年之後的左翼開始，一直到現在，大家都相信對手的口誤揭露了他掩藏的意思與不容置疑的假設。只要聰明的解讀出來，大家就會看到菁英份子的壓迫了……你們堅持改變語言就可以改變世界，光靠著不冒犯對方就足以處理種族歧視或恐同症，卻讓真正的種族歧視與恐同症不受質疑地氾濫，同時，

病人和障礙者持續受到忽視。

　　我們不去誠實地檢視真正的議題，而是不斷審查語言。這就是為什麼在二〇一四年，密西西比州的性教育將有性生活的女性和骯髒的巧克力做比較，同時，碧昂絲（Beyonce）穿著比基尼出現在《時代雜誌》（Time）最具影響力的一百人之中。在某個層面，比基尼是在對「正面看待自己身體」致敬，另一方面，也是在告訴女性，無論你的成就如何，最重要的還是你的身體相貌。他們永遠不會要求人權鬥士馬拉拉·優素福扎伊（Malala Yousafzai）和希拉蕊·柯林頓（Hillary Clinton）這樣的女性穿著游泳衣入鏡——因為我們會嚴肅地看待她們。崇拜名人的少女（以及少年）要怎麼想呢？時代雜誌的封面乾脆放上搞怪小天后麥莉·希拉（Miley Cyrus）坐在鐵球上的那張照片算了。

　　現代社會期待媒體裡的女性自願地物化自己，以博得重要性。如果她長得不夠美，就要化濃妝或走黑暗路線——但仍需試圖表現自己最性感的一面。然後交給繪圖軟體做後製處理。即便是女明星也受不了這種做法了。美國影集《辦公室》（The Office）裡的女星拉什達·瓊斯（Rashida Jones）在《魅力》（Glamour）雜誌裡寫了一篇文章，主題就是媒體把一切都色情化了。她說，女性不可能都喜歡脫衣舞和裸露自己。對於女人，承認並表達自己的性特質是一大步，但是我們看到的大部份都似乎十分刻意………我認為已經做得太飽和了。」電視產業將過度飽和稱為「噸位議題」（tonnage issue）。如果電視上過度使用某一句話，電視網會提出報告。瓊斯說：「色情影像和流行文化都有噸位議題。」這些影像和人物無處不在，喜歡模

仿名人的年輕女性可能不明白，個人的性感表現與「對自己的內在自我感到驕傲」有關。

如果碧昂絲在時代雜誌上的封面照片不算是巔位議題的臨界點，我們就不知道何者才是了。這就像女性主義者凱特林·摩根（Caitlin Moran）說的，為什麼現代女性必須是「髮型非常棒」的「哥兒們」？

女性如果根據低俗文化塑造她們的認同感和性表現，就太對不起自己了。我們同意利維寫的：

> 如果我們真的相信自己很性感、有趣、有能力、聰明，我們就只需要做自己，不需要像脫衣舞孃或像男人或像任何人一樣……（這樣做）不會比某些疲憊至極的人整天扭曲自己、努力證明自己來得更困難。更重要的是，得到的獎賞正是女性沙豬渴望的、女性值得擁有的自由與力量。

為了做到這一點，女性必須開始尋找新的方式來表達自己的重要性——不用鄙視男人，而是運用有創意的方式，對每個人都有利。男人和女人確實不同，但是無論哪個性別，個人之間都還是有更多的不同，所以我們不需要對每個性別用同樣的成功的定義。正如露絲·羅森（Ruth Rosen）說的，在真正的民主社會中，女人不需要覺得自己必須像男人一樣地生活。

教導我們的女兒如何成功

越多女性得到成功，就會越明白男人並未獨佔權力。她們

會瞭解，男性極願意接受交換。真相是，沒有人能夠「擁有一切」。美國女性運動的錯誤信念就是期待工作等於權力與自我完成。

　　很少特權是沒有責任的。如果某項責任無法協助他們獲得機會、無法提供利益或有價值的經驗的話，成功人士學會了拒絕。他們不會接受了某個狀況，之後又抱怨有多麼壓迫。在邁向成功的路上，女性需要有人輔導她，不用依賴法律和政府為她們發言，有時候還補助她們生活費用呢。

　　為了讓更多職場女性獲得成功，除了建立政策將親職提升到專業地位之外，社會能做的最佳策略就是讓她們準備好，克服障礙。重點應該是為女性（和男性）創造安全健康的職場環境，而不是試圖禁止「跋扈」這樣的字眼──臉書營運長雪莉・桑德伯格（Sheryl Sandberg）在其實很正向的「挺身而進」（Lean In）運動中所言──破壞女人的力量。我們會如此鼓勵女孩負責領導：「你知道嗎？跋扈的人讓事情完成。傾聽別人，做你的功課，知道自己在說什麼，不斷表達自己的意見。往上爬的路從不容易。」

　　我們也可以帶女孩看那些通過了貝克德檢驗的電視節目和電影，幫她們訂閱關於領導力的雜誌。二〇一三年，《美好家園與花園》（Better Home and Gardens）是美國最受歡迎的雜誌第四名。十七種女性雜誌，包括《大都會》（Cosmopolitan）、《十七歲》（Seventeen）、《誘惑》（Allure）、《幸運》（Lucky）和《少女時尚》（Teen Vogue）的流通量都超過《富士比》（Forbes）、《經濟學人》和《職業母親》（Working Mother）。事實上，《大都會》的流通量比《富士比》、《經濟學人》和《職業母親》

加起來的流通量更多。同樣的，在英國，《魅力》雜誌流通量最大，擁有四十二萬八千三百二十五名訂閱者。緊接其後的是另外幾份女性雜誌。這些雜誌的訂閱者都比《經濟學人》多。如果閱讀《大都會》或《魅力》雜誌的年輕女性也訂閱金融和新聞雜誌的話，我們一定會看到年輕女性的興趣大幅改變，並且會變得更為自信。

伊麗莎白·吉爾伯特（Elizabeth Gilbert）在她的書《約定：帶著愛去旅行》（*Committed: A Skeptic Makes Peace With Marriage*）裡，訪談了好幾百位女性，問她們如何平衡事業和家庭。她找不到共同的模式。她說：「就是一大堆聰明女人用自己的方式努力著。」在她之前的暢銷書《享受吧！一個人的旅行》（*Eat, Pray, Love*）裡，吉爾伯特寫到自己從痛苦的離婚中復原的經歷。在婚姻中，她的前夫想要孩子，她卻不想。還有其他的元素讓她離開婚姻，但是「要不要孩子的問題是最後的打擊」。毫無疑問地，如果不同世代的女性之間有更多機會坦誠討論不同的決定如何影響人生，以及不同的道路需要怎樣的伴侶，許多痛心都可以避免了。

如果母女一起閱讀個人金融、投資和商業的書籍，打開對話，母親可以分享她們第一手的經驗與知識，協助女兒計劃未來。母親也可以和女兒討論，早一點或晚一點（如果要生孩子的話）生孩子的不同挑戰和人生取捨，例如學貸、生育能力，以及親職如何影響事業機會。女兒需要有這些對話。職業婦女或過勞的單親母親能夠找時間進行這種對話嗎？我們強烈覺得她們應該找出時間跟孩子對談，讓孩子獲益。

雖然大學女生比男生多，也比較參與課外活動，在二〇

一二年CIRT大一調查（CIRT Freshman Survey）中，入學的大一女生有百分之四十一（男生有百分之十八）一直覺得「要被所有必須做的事情壓垮了」。女生是男生的兩倍多。相較於不覺得要被壓垮了的學生，覺得要被壓垮的學生比較不相信自己的能力，在社交場合也比較沒自信。

　　為了對抗這個現象，我們還可以做另外一件事，就是讓更多女孩參加運動團隊，發展社會責任感。運動團隊結合了競爭和團隊合作，為將來職場上與人合作創造堅實的基礎。運動團隊也幫助女性學習到，她們可以倚賴彼此。社交場合缺乏誠實開放的溝通。母親可以鼓起勇氣讓女兒看到，女性之間也可以誠實溝通——尊重別人說真話，不要閒言閒語，不要在人前人後表現出不同的態度，如果有人提出有建設性的批評，要和她保持友誼。母親也可以身教做示範，對別人保持不批判的態度，也就是說，描述別人的行為而不要進一步批評別人。

　　同樣重要的是鼓勵女孩主動約自己喜歡的男孩，幫助她們學習冒險、面對拒絕，並發展個性、耐性和堅持——這些都是有價值的職場技巧。從這些經驗中，她們也會間接學到如何選擇伴侶——能夠欣賞懂得冒險的女孩的伴侶。對女性和男性而言，沒有冒險的人生很無聊。冒險的人生一定會包括失敗——失敗是成功路上的重要學習。

CHAPTER 14 | 父權迷思

　　男人不能只是「被人要」，而是要「被需要」。我們相信
自己必須當英雄，只是因為我們看不到其他的角色。

——諾亞・布蘭登（Noah Brand），
「好男人計劃」（Good Men Project）

　　在許多方面，女人會比男人體驗到更強烈的無力感。約會
強暴、身體被壓制、在協商和事業成功上有較少的社會化、老
化的生理跡象、失去青春與美貌帶來的權力，都是女性必須處
理的挑戰。無論你願不願意承認，性別歧視是雙面刃。男孩受
到的制約和女孩不同，當男人不像在公園散步那樣簡單。

　　從一出生，只有幾天大的時候，許多男嬰就割了包皮。有
人認為這個過程跟生殖器閹割一樣痛苦。我們覺得某些文化的
陰蒂閹割儀式原始而粗野，但美國大部份男孩仍然被迫割包皮
（英國較少）。男嬰哭的時候，成人等更長的時間才抱起他，
暗示他抱怨不會改變任何事情。成人也比較少對男嬰唱歌、說

故事、唸書給他聽。這個現象其實是負面教育，讓男嬰覺得自己不值得父母和照顧者花時間和力氣提供這些活動。

　　青春期之前以及青春期初期，男孩經由粗魯的團隊運動學會忍受痛苦。當他們意識到自己在兩性關係中需要提供什麼的時候，尤其是經濟上的期待，他們開始接受比較不愉快但是收入比較多的工作。現代的年輕男性仍然受到社會化，認為自己必須找到高薪工作，以便支持妻兒，但是年輕女性不會得到這種訊息（所以才會有約會時誰應該買單的統計）。男孩也發現了家庭主夫的汙名化——皮尤研究（Pew Research）調查顯示，待在家中照顧孩子的家長中，有百分之八十四是女性，並且，百分之五十一的人認為母親待在家中對孩子比較好，只有百分之八的人覺得父親待在家中也很好。很明顯的，雖然有更多男人接受「照顧者」的新角色，男性身為照顧者的角色仍被忽視了。國中或高中男生開始想要約會時，非常可能約束自己創作上的興趣，因為他知道藝術和文學賺的錢比較少，科學、科技、工程和數學科目（理工科，STEM）賺的錢比較多。他會這麼做是因為他知道自己將來可能必須養家，而且無法期待女性——尤其是他想組織家庭的對象——支持他。

　　雖然現在大學畢業生中，女性佔大多數，但是數理科大多還是男性，社會科學則大多是女性。二〇〇七年，百分之八十三工科學生都是男性，百分之七十七的心理系學生和百分之七九的教育系學生都是女性。碩士班則是百分之七十七的工科學生是男性，百分之七十七的教育系學生和百分之八十的心理系學生是女性。在英國，超過百分之九十的工科普通中等教育證書（GCSE）發給男生，超過百分之九十的健康和社會照護

的證書發給女生。

根據人數分佈與薪水差異，乍看之下像是有性別歧視，但是男女雙方都早就知道理工科比較容易有高薪工作。反之，女性受到社會化，經濟期待的差異更強化了約會時不拆帳的行為。大部份女性生了第一個孩子之後都會請一年產假。

有很多獎學金提供給兩性以及各種族裔，但更多獎學金——學術和體育——只發給女性。scholarships.com網站——美國最受歡迎的協助尋找並申請獎學金的網站——提供給女性的獎學金種類是男生的四倍之多。所有的男性獎學金都限制申請者必須申請某個地區或大學，女性獎學金則有一半都接受全國各地的申請。有幾個獎學金針對單親女性，卻沒有一個獎學金針對單親男性。一九七〇年代的家長在兒子的教育上花更多錢，到了一九九〇年代變成在兒子和女兒的教育上花一樣多錢，到了二〇〇〇年代，反而是在女兒的教育上花更多錢了。現在的家長教育女兒所花的錢，比兒子多了百分之二十五。如果別人花錢讓你讀書，為何不讀自己有興趣的科目呢？

簡單地說，年輕女性沒有年輕男性需要面對的現實。男性知道世界不會圍著他轉。我們很容易談權利平等，卻不容易談責任平等。不過，如果我們希望看到兩性之間有更多的慈悲和合作，責任平等就是合理的下一步。

權力是什麼？

雖然最早期的農業可能是社會學者埃莉斯・博爾丁（Elise Boulding）主張的古代中東女性發展的野穀類培育，但是許多學

者,例如喬治.華盛頓大學(George Washington University)教授海蒂.哈特曼(Heidi Hartmann)認為當農業發展穩定之後,男性逐漸成為社會強勢,逐漸對家庭、勞力、經濟、文化和宗教有了控制權。因此,我們往往從父權的角度看待權力。誰控制了錢就控制了其他一切。毫無疑問地,金錢讓人在生活許多方面擁有更大的自由和控制,但是能夠發號施令只是權力的一種而已。還有另一種權力不那麼大聲,但是同樣有力:個人權力。

真正的權力是全面性的,不僅僅是外在獎賞,例如收入、社會地位和物質財產而已。全面性的權力也包括內在獎賞,例如健康、內在的平和、心靈、被愛、被尊敬、情緒的覺知和開闊、正向的自我概念、運用個人價值為個人及社區增進日常生活品質的能力。

最終,權力就是可以控制自己的人生、擁有令人滿足的個人經驗。以這個角度看,壽命是一個合理的測量工具。世界衛生組織(World Health Organization)列出一九九○年到二○一二年出生在低收入戶或高收入戶的男女平均壽命:

- 低收入戶男性:五十四.七歲
- 低收入戶女性:五十七.三歲
- 高收入戶男性:七十三歲
- 高收入戶女性:八十歲
- 出生於一九九○年到二○一二年之間的男性,全球平均預估壽命:六十四.七歲
- 出生於一九九○年到二○一二年之間的女性,全球平均預估壽命:六十九.七歲

　　全球女性平均壽命比男性長五年（8%）。富有男性比貧窮女性長壽十五・七年（27%），富有女性比貧窮男性長壽二十五年（46%）。超過一百歲的長壽老人之中，百分之八十一是女性。

　　患攝護腺癌的男性比患乳癌的女性稍稍多一點，但是中央提供的乳癌研究經費幾乎是攝護腺癌的兩倍。美國政府也為女性健康設立了網站（womenshealth.gov）卻沒有為男性設立健康網站。有趣的是，男性健康是女性健康網站裡的一個項目（womenshealth.gov/mens-health/）。網站上有一個橫幅，宣布了全國女性健康週（National Women's Health Week），讓女性學習更多健康議題，卻沒有全國男性健康週（National Men's Health Week）。世界上有些國家──包括澳洲、加拿大、英國和美國──開始慶祝國際男性日（International Men's Day, 十一月十九日），目標之一就是提升男人和男孩的健康，但是尚未受到與「為女性癌症遊行」同等的重視。

　　在前十五項重大死因中，幾乎每一項都是男性的死亡比例較高。最大的兩性差異是心臟病、自殺和意外受傷致死。女性比男性較易有自殺念頭，但是男性自殺成功的比例是女性的四倍。美國自殺者百分之七十九是男性。在英國，男性自殺比例比女性高出三・五倍，自殺比例最高的是四十歲到四十四歲社經地位低的男性。

　　二〇一二年，美國有四千三百八十三人死於職災，其中有三百三十八人為女性，也就是百分之九十二死於職災的人是男性。職災死亡比例最高的是營造業，最多的意外是墜落或滑倒。在英國，二〇一二年到二〇一三年之間，有九十九人死於職災，其中九十四人是男性。全球而言，擔任危險工作的男性

遠遠多於女性。

有孩子的女遊民比有孩子的男遊民多，但是在美國，超過百分之六十八的遊民是男性，其中有百分之四十男性遊民曾經從軍。相對而言，一般成年人口中只有百分之三十四曾經從軍。全國無家榮民聯盟（National Coalition for Homeless Veterans）估計，任何一個夜晚都有二十七萬一千名榮民無家可歸，大部份是男性。這個國家之恥不斷持續發生，卻少有重大媒體報導或討論如何回報這些勇敢的榮民。在英國，百分之八六遊民都是男性。

從這些事實，我們可以推斷，在某方面女性其實比男性更有權力。

像個男子漢：壓抑情緒的重大代價

對男人而言，被欺負、被取笑是童年的主要經驗，以至於大家認為這是正常的現象。大家會說：「男孩就是男孩。男孩玩起來就是那樣。」當男孩內化了這些信念，相信自己很強悍，認為自己應該像個男子漢地面對這一切，他們最終會切割自己比較敏感的那一面，而這個部分卻是他們之後會需要的。結果就是成年之後的親密感和兩性關係可能成為很大的挑戰。一個推論就是他們沒有學到跟朋友、家人、老師、教練或其他人求助，這些人原本可以協助他們減輕他們面對的負面經驗。

當有人跟年輕男孩說「只有女孩才哭」的時候，他學到他不可以表達情緒，所以他忍住。每當有人告訴他們，他是誰，他們的感覺是錯的，他們就開始壓抑或試圖改變他們的內在經

驗。在關係中，他永遠無法確定自己是誰或自己要什麼。他們開始根據毫無真正深度或根源的劇本行動。二十年後，這個男孩成為男人，遇到一位很棒的女人，戀愛了，當她說她感覺不親近時，他會覺得困惑。她要他更打開來，他卻完全不知道她在說些什麼，因為他從來沒有打開過。

有些男人小時候在學校被霸凌，長大了仍然為此感到憤怒。當這個憤怒沒有被承認，就會在潛意識發揮影響──往往成為背景聲音，告訴他，他有多壞、多醜、多笨──幾乎取代了外界的霸凌。這會傷害自信，表現在人際關係上，他可能很難拒絕別人，同時會堅持自己想要的事物。他甚至可能因為害怕自己也成為霸凌，寧可被歸類為「好人」。另一個方式是和別人保持距離，因為他相信別人都有惡意，不值得信任，如果讓別人接近，就會受傷。在更深的層面，因為他們相信自己的同儕都很壞，他們會認為自己也是一樣，所以不值得被愛。如果有人在內心相信自己不值得愛，就不可能接受愛或付出愛。

想像一下，如果你唯一被碰觸的經驗就是粗魯的推打，或是別人試圖傷害你，會怎麼樣呢？研究顯示成人較少碰觸男嬰。很多男人喜歡性，因為這是唯一能夠得到正向身體碰觸的機會。否則的話，他們的生活基本上都沒有和別人做肢體接觸。如果缺乏碰觸以及滋養，內在的個人掙扎可能導致性與兩性關係空虛、寂寞和沒有意義，無法體驗真正的愉悅和連結。我們要再一次指出，當年輕男性轉向色情片尋求想像中的情色經驗時，他們從來不會看到男女溫柔關愛彼此撫摸。

禁忌

　　杜克大學（Duke University）學生貝拉‧諾克絲（Belle Knox）轉行成為色情片明星，因此出名。她最近表示，父權社會害怕女人的性。這個論點正如女性主義者長年以來的主張。這是個過時的訊息，共鳴越來越少了。除了男同志之外，大概沒有一位現代西方男性不喜歡看女人表現性感。以整個社會而言，我們確實害怕女人的性，但是我們同樣也害怕男人的性、青少年的性。我們也假裝老人的性不存在。這真的要怪在父權結構上嗎？還是說，這只表示性就是有點麻煩，沒有人要挑戰社會傳統可以接受的標準的灰色地帶？

　　性就像房間裡有一隻大象似的：我們看到了大象，但是我們不談論牠。但是大象這麼大，我們無法一直忽視牠。我們幾乎無法避免地會接觸到八卦雜誌封面上穿著比基尼的女人、看起來像色情照片的廣告、情色小說的場景、真人實境節目毫無保留的想像空間。底層的訊息就是我們不夠好，我們錯失了什麼。但是，這些東西之所以會存在，就是因為我們會注意到，更重要的是，我們會購買情色廣告宣傳的商品。

　　一個重要影響就是我們都因此渴望擁有，好像我們一直在缺乏什麼，我們一直想要得更多。對有些人而言，創造了或強化了受到壓制的感覺。「為什麼我沒有這些東西？有人或有事物拉住我嗎？」女性可能覺得自己被物化。其他人可能說這些訊息鼓勵強暴文化。但是這些媒體訊息中，有很多是女性為女性創造的。

　　法國短片《弱勢的多數》（*Oppressed Majority*）裡，男女角色

互換。很多人在瘋這個短片，我們有幾位女性主義者的朋友在社交網站上分享這個影片。一位男性網友留言說，他堅決反對暴力，但是男女不同，他不在乎被幾位很有吸引力的女人性侵，因為他認為那是好的性經驗。這個影片試圖表現詼諧，但只是讓我們看到導演（女性）多麼不懂得男人。片中扮演男性角色的女人既懶惰又不敏感，導演暗示了男人不關心對女性的性侵。這一點很奇怪，因為整體來說，男性從事比較危險的工作，成為女人的保護者，也間接成為自由的保護者。例如，英國警力有百分之七十四是男性，英國軍人有百分之九十是男性。我們也發現，導演選擇讓女主角（男演員）看起來脆弱無助。我們覺得這一點很有意思。我們不禁好奇，關於女性，她到底想說些什麼……

　　為什麼都沒有人談一談對男性的性別歧視呢？部落客妮基・丹尼爾斯（Nicki Daniels）對蓄鬍的潮男寫了一封公開信，嘲弄他們毀了她的「鬍子痴迷」。她寫道：「我從小就喜歡有鬍子的男人。對我而言，鬍子代表力量和男性氣概，可以保護我。很不幸地，你們這些傢伙把鬍子變成時尚風潮了。鬍子變成男性氣概的加墊奶罩。當然，看起來很性感，但是底下有啥呢？一整個世代的男人跑來跑去，看起來像伐木工人，但是其實連換個輪胎也不會。」這篇文章迅速竄紅，老實說，讀起來確實滿幽默，但當然，如果你是個蓄了鬍子的潮男就不這麼覺得了。

　　但是如果一個男人寫這樣的文章，抱怨女人有腋毛或陰毛太茂盛，他會被罵慘了。為什麼女人可以公開談論男友不肯為她口交因而甩掉男友、和比自己年輕的男人發生性關係有多

麼賦權、建立一個只僱用女司機並且不接受男性搭乘的計程車隊、建議男人應該繳更多的稅，但是我們卻無法想像男人做這些事情？雙重標準往往描繪了女性吃虧的狀況，但是用新的角度看，男性也常常很倒霉。

如果男人也用《弱勢的多數》的方式拍電影，或許我們會看見性別敵意的另一面，例如男性被「成功」物化（相對於女人被「性」物化）、除了性之外鮮少有正向的肢體接觸、離婚時很少贏得監護權。或許我們會思考為什麼女人有權成為軍人，卻可以在徵兵時選擇不從軍，但是美國的每一位男性卻必須在滿十八歲的三十天內跟義務兵役（Selective Service）註冊，並且在戰爭期間有義務打仗？這是性別歧視，就像是要求滿十八歲的女性註冊，一旦國家需要更多嬰兒，就有義務生孩子一樣。二次世界大戰時，納粹德國嘗試過類似的政策，叫做「生命之泉」（Lebensborn）計劃。英國在一九六〇年終止義務徵兵制，但有幾年要求十八歲到二十一歲未就學的男性參與國民兵役（National Service）。或許我們會知道，每年在監獄裡被強暴的男性人數比美國被強暴的女性人數還多。當我（妮基塔）跟一位身為女性主義者和歷史學者的年長女鄰居提到這個統計數字時，她的表情非常驚訝，然後堅決地說：「嗯，那是權力鬥爭。」是嗎？如果強暴是所謂的父權社會和經濟力的延伸，為什麼男性黑人因為強暴被捕的機率是男性白人的六・五倍？看起來，缺乏權力也扮演了一個角色。

在日常生活中或媒體上，男性被強暴的例子通常受到忽視、淡化或以開玩笑處理。聯邦調查局（FBI）甚至不列出任何男性被強暴的統計數字。相關資料如此難找，你會誤以為從來

不會發生。但是確實會發生。終其一生，雖然較多女人有被強暴的經驗，但是男女雙方遭遇其他性暴力經驗的機率相近（百分之五‧六的女性和百分之五‧三的男性）。英國「人類倡議」（ManKind Initiative）組織的報告顯示，五分之二的家暴案件受害者是男性。雖然女性安全感比男性低，經濟合作與發展組織（Organisation for Economic Co-operation and Development, OECD）的報告顯示男性比女性更容易遭到攻擊和暴力犯罪。

針對男性的性暴力事件，多數加害者是男性。如果男性知道被女人性攻擊或被迫插入也算是強暴的話，或許數據還會更高。我們必須也考慮到，無論加害者性別是什麼，男性受害者都比女性不願意報案或尋求協助。全國反家暴聯盟（National Coalition Against Domestic Violence）對此現象的解釋是：「身為男性受害者的污名、不符合男性氣概的失敗、害怕別人不相信、否認自己是受害者、社會和親友缺乏支持……男孩比較不會報告性侵，因為他會害怕，擔心被認為是同性戀者，希望看起來可以照顧自己，想要獨立。」

我們還要加上「羞恥」一項。除非是男孩被成年男性強暴（例如許多天主教醜聞），大家不太願意出聲反對針對男性的性暴力，甚至稱之為禁忌。即使男性受害者出聲了，大家也不知道怎麼面對。沒有清楚的相關法律。大家似乎無法理解男人既有勃起，同時也是受害者。如果他有勃起，他一定就想要，不是嗎？

錯了。年輕男演員安德魯‧貝利（Andrew Bailey）在YouTube上載了一段影片，描述一個強烈而令人心碎的故事。女教師強暴了十三歲的男孩。在影片尾聲，他說他相信強暴很「好笑」，

因為他必須這樣想，暗示著他完全無法消化在自己身上發生的事情。這樣的情節本來應該是每個青春期男孩的幻想。

女性受害者被強暴時的高潮並不減損了她不願意發生性行為的意願。那麼，男性有何不同？如果貝利描述的情形反過來，社會將更有同理心，更能夠協助年輕女生，即使男生的經驗同樣嚴重。當你和男人談到他的性經驗時，你可能很驚訝地發現很多男人的第一次性經驗並不理想。有些男人會承認他們的第一個女人其實是硬上了他，他們當時覺得必須配合，於是乖乖聽話。我們不會說這些女人是強暴犯，但是如果她們是男性，我們就會了。

提起雙重標準是很重要的，因為，如果我們拒絕承認性的複雜性，或是拒絕誠實地檢視性攻擊如何發生，或更重要的是，為何發生，我們就無法期待社會有良好的能力處理性的黑暗面。年輕男性尤其會被告知不可以拒絕，沒有人教他們如何拒絕不想要的性挑逗，也沒有人教他們如果被性侵了要怎麼辦。反而，他們被社會制約，隨時準備好，願意和任何有意願的女性發生性行為。許多男性可能認同在《弱勢的多數》留言的男人，其他人卻還是沒有答案。再加上，否認「男性也可能是受害者」將淡化其他的事件，大家期待男人處理問題或「像男子漢那樣忍受」，包括家暴（言語或肢體）、盯梢和騷擾。

狀況能夠改善嗎？關於同意和界限的法律確實有幫助，但是我們需要教導孩子真正的同意和界限是什麼，而不只是符合兩個條件：一、這個人是否同意？二、這個人是否有同意的能力？

正如我們探索並提出關於女性受到壓迫的社會覺察，同樣

的，我們也必須讓男性檢視自己受到噤聲的部分。女性需要探索和承認自己對男性的偏見、雙重標準和反向的性別歧視。我們不是要責備女性攻擊男性，或是淡化針對女性的性攻擊的重要性，而是讓男女雙方都發掘溝通的管道，團結兩性，一起終結性暴力。侵犯身體界限就是侵犯人的尊嚴。

很多男性覺得受到性別角色的限制，只是和女性受到的限制不同而已。大部份男人無法指出自己感到挫折的原因，因為他們成長時沒有人教他檢視挑戰和不安全感的根源。這個挫折會變成憤怒，很不幸的，最終會達到沸騰的強度，讓他們對女人做出語言，肢體或性的攻擊。毫無疑問地，每個人都得對自己的行為負責，但是我們不應該低估系統和情況對個人行為產生的力量。如果我們只承認女人的脆弱，告訴男人他們是可能的加害者，告訴女人她們是可能的受害者，我們就在幫每個人的倒忙，延續了不平衡。

強暴的前提是物化。男性物化女性的一個原因是大部份時候，是男性接近女性，約她們出去，啟動性行為。他們常常遭到拒絕，即便他們已經在關係當中了。如果他們能夠物化對方，被拒絕的傷害會比較輕。長久下來，可能養成習慣，蔑視被動的一方，同時強化了對方價值何在的自我懷疑。越來越多的女性開始在愛情和性上採取主動，她們會對物化與拒絕的過程有更深的瞭解，男性會開始瞭解女性長久以來一直抱怨的物化和拒絕的另一面。同樣的事情也可以運用在角色互換上，例如更多女性負責養家，男性花更多時間陪伴孩子。這種趨勢讓男女雙方真正看到——而不是彼此的投射——對方的感覺如何，將造成大規模的態度與行為的改變。為了解放每一個人，

我們需要這樣的改變。

妮基塔的鄰居一開始的不屑反應讓我們吃了一驚。她大可以說：「哇，真慘。為什麼會這樣呢？」但是對話嘎然停止。即使是問「強暴是否可能源自無力感，而不是權力」，都讓人不自在，因為會導向不那麼黑白分明的對話。如果我們開始談論，或許我們會改變思考這些議題的方式，社會會開始討論成因而不只是徵狀。

人人的正義

二〇一三年夏天，美國司法部長（US Attorney General）埃里克‧霍德爾（Eric Holder）說，目前犯罪司法系統不足以解決二十一世紀的挑戰。他在美國律師協會（American Bar Association）年度眾議院（House of Delegates）集會中，針對美國刑罰系統的失能發表他的看法：

以國家而言，我們的監禁效率不彰。一九八〇年以來，整個美國人口增加了三分之一，中央監獄人口成長了幾乎百分之八百，非常驚人。雖然中央監獄的容納量已經幾乎超過百分之四十了，監獄人口還在持續增加之中。即使這個國家只佔了世界人口的百分之五，我們卻監禁了世界上四分之一的罪犯。目前有超過二萬一千九百名人犯關在中央監獄中，幾乎一半都是為了毒品入獄。許多人有濫用藥物的病症。每年有九百萬到一千萬名罪犯進出美國的地方監獄。大約有百分之四十關過中央監獄的囚犯——超過百分之六十關過州立監獄的囚犯——出

獄三年內被重新逮捕，或是撤銷假釋……通常是因為技術問題或小的假釋違規……關於我們可以如何加強我們的社區、支持年輕人、處理不成比例的過多年輕男性黑人及拉丁美洲裔進入司法系統的問題，我們現在應該提出質疑了。

在一九八〇年代後期，司法系統充斥著一個性別偏見：對於犯了類似罪行的犯人，法庭會給女性更長的緩刑時間。司法系統檢視了這個議題。在現實生活中，犯了類似罪行的男性較易入監，而不是比較輕的緩刑。女人則較易得到緩刑。女性入監的環境也大為不同。在《男權的神話》（ *The Myth of Male Power* ）中，沃倫·法雷爾（Warren Farrell）寫到一位律師的話，說：「女犯被送去州政府東邊幾哩的一所廢棄學校，男犯被送進傳統監獄，有小房間、獄卒、幫派……女犯的囚禁機構感覺上就像一間學校，工作人員鼓勵人犯改變和復原。」

今天，加州的女犯計劃與服務（Female Offender Programs and Services, FOPS）在網站上宣布，他們創造了「合乎性別」的計劃，提供女囚服務、輔導和自助式治療，以便復原，讓她們出獄後重新回到社區的過程更成功。FOPS的一個目標是在合乎倫理的機構環境中，以尊重和尊敬對待女囚。進一步的，FOPS提供職業和學術訓練、事業和技術教育、出獄前的輔導、藝術課程、讓社區更好的支持團體。背後的思考就是要提升女性的機會，降低入監女性人口，增進公眾安全。沒有針對男囚的對等計劃。

這些議題不限於美國。英國女性佔了監獄的百分之五人口，大部份刑期很短，六個月或更短。百分之七的兒童在學齡

期間，父親會入獄。獄囚的孩子比其他兒童更容易有心理衛生的問題，或是參與反社會行為。機率是三倍。百分之七十六的囚犯小時候父親不在家。少數民族入獄機率也不成比例的高。英國獄囚有百分之十是黑人，雖然黑人只佔總人口的百分之三。

在二〇一二年下議院（House of Commons）辯論中，菲爾・戴維斯議員（MP Phil Davies）說：

司法部（Ministry of Justice）數據顯示女性比男性更容易得到保釋……有一萬七千名兒童與母親分開，百分之六十的女囚有不到十八歲的孩子。超過四千名女囚中，大約有七百名女囚被關在離孩子超過一百哩的監獄中。首先，不是司法系統讓任何母親和孩子分離。是個人的犯法行為導致入獄，這全是她們自己的錯，她們自己的責任……而且，最新判刑條例也考慮到了被告是主要照顧者的話，兒童監護權落到別人身上的影響。判刑時，新條例顯然對女性比男性被告更有利。如果我們這麼關心女囚犯的孩子，估計有十八萬兒童因為父親入監而與父親分開，他們要怎麼辦呢？在這個講求平等的時代，這個更大的數據要怎麼辦？我們不應該為此更感到憤怒，或是感到同樣憤怒嗎？

百分之四十七的囚犯——比一般大眾工作年齡的人口高了三倍——說他們沒有工作職能、出獄之後只有百分之二十七找得到工作，為什麼沒有更多的男性復原計劃呢？每一位囚犯每年花掉政府四萬英鎊，四分之一的囚犯監禁在過度擁擠的監獄

中，只有百分之四十七的復原率，卻沒有更多努力讓囚犯重新整合到社會裡，和家庭連結。這完全沒有道理。尤其是，百分之四十的囚犯表示家庭的支持、百分之三十九囚犯表示可以見到孩子，能夠阻止他們未來再度犯罪。無人探訪的囚犯再犯的機率比其他囚犯高出百分之三十九。知道外面有人在乎你會造成巨大的不同。

男性在監獄中遭到性侵以及其後果則是另一個故事了。除了被強暴（常常是輪暴）之外，獄中男囚可能感染致命性病，例如更容易經由肛交傳染的人類免疫缺陷病毒（HIV）。二〇一〇年，美國公共衛生期刊（American Journal of Public Health）作者表示，囚犯中的HIV比例比一般人口比例高了四倍。他們正在研究美國幾座設立了保險套發放機的監獄，試圖降低性病傳染。

但願有更多行動預防監獄裡的強暴。

為什麼這麼難以改變「薪資差異」？

男性薪資更高的原因之一是男性的工作更危險……「玻璃天花板」指的是女性面對看不見的障礙，無法獲得高薪職務。「玻璃地窖」指的是男性面對看不見的障礙，無法離開最危險的工作。

——渥倫・法若（Warren Farrell）

女性運動如此成功的原因之一是強調同等權力，卻很少提及同等責任。因此，年輕女性誤以為自己可以「擁有一切」，並因此受傷。忽視同等責任使得女性要上級的同等權利，卻不

要男性做危險肢體工作的同等責任。我們看不見那些男人，諷刺的是我們多麼倚賴這些男性每天的辛苦工作。例如，你手上的這本書是幾項最危險、充斥著男性工作人員的工業產品：伐木和採礦。在警界，我們可以看到大部份警力是男性，每年死於自殺的警察多於死於任務的警察。

有些人會說，在職場試圖往上爬的女性會遇到男同事的阻礙，環境中有性別歧視。但是最新研究顯示，職場中，女性同樣會對女同事表現性別歧視，包括僱用、薪資和專業輔導。

例如，《心理科學》（*Psychological Science*）發表了一篇荷蘭的小型研究，發現女性之間的態度包括支持和偏見二者。研究者檢視資深女警的態度，以及「女王蜂」的行為。在實驗中，一半參與者要寫工作中某個覺得身為女性是不利的時刻，或是她們感覺到性別歧視的時刻。另一半參與者要寫她們個人能力受到重視，性別不是問題的時刻。然後，兩組人都需要描述自己的領導風格，覺得自己和其他女性有多相似，她們是否覺得性別偏見在警界是一個問題。

這些女警的回答反映了她們有多麼專注於自己在職場的性別認同。有女王蜂行為的女人和職場其他女性沒有強烈認同。研究者引導她們思考性別偏見。她們的領導比較傾向男性風格，認為自己和其他女性不同，不認為性別偏見是一個問題。和職場其他女性強烈認同的女性同樣也受到引導，相信性別偏見存在，她們會有較為強烈的意願輔導其他女性。

研究者建議，希望有更多女性在上層職位的機構，必須面對職場的性別偏見。研究者貝爾・德克斯（Belle Derks）說：「如果你只是把女性放在上層職位，卻沒有對組織中的性別偏

見做任何事情，這些女性會被迫和同儕保持距離。」否則，這些女性可能忽視性別偏見，或不協助女性下屬。「如果你讓女性處於這種狀況，必須選擇自己的機會或群體的機會時候，有些人會選擇自己。為什麼必須做出選擇呢？男性就不需要。」

　　如果我們調整危險工作以適應女性，而不是女性去適應危險的工作，其問題就是一起工作的男女會對工作需要他們做些什麼發展出兩種不同的──無法兼容──心態。另一個檢視荷蘭研究的方式是把大家心中的性別偏見視為遺傳上的態度，是長時間演化發展出來的，讓員工能夠符合工作的需要，例如覺察狀況、願意身體力行地對威脅作出反應。如果女性感覺到男同事的對立，可能只是這個職業裡每個人都需要忍受的某種石蕊測試。同儕需要知道這個人──無論男女──是否能夠勝任，是否夠強悍，在關鍵時刻可以「支持」他們。沃倫·法雷爾指出：

　　戰鬥訓練需要男人不重視自己的生命……結果呢？騷擾和欺侮就是為此存在的準備工作──這就是為什麼男人彼此欺侮騷擾：他們在閹割彼此的個性。戰爭機器若能使用標準零件會運作得最好。因此，欺侮和騷擾是「男性軍隊」中戰鬥訓練的前提。但是在「女性軍隊」中，騷擾和欺侮會受到抗議──和「重視個人生命」有衝突。如果軍隊將男性和女性分開，這些差異就比較不是個問題。然而，我們告訴男性，女性是平等的，但是如果男性平等地騷擾欺侮女性，他們的事業就完蛋了（往往家庭生活也毀了），這只會讓男性更覺得女性要「魚與熊掌兼得」。

　　有些職業比其他職業危險，女性通常不會大批進入不安全的職業。需要真正發生的改變是讓危險的職業越安全越好，或是，如果對男女雙方有不同的標準，就需要分成全部女性和全部男性的兩個團隊。男性得到的保護不夠時，就會強迫他們採取看似偏執頑固的態度。事實上，我們應該檢視一下，危險工作的環境為員工創造了怎樣的氛圍。關於「系統與情況的力量」的幾十年研究顯示，我們無法只檢視桶子裡的「壞蘋果」（或個人），我們必須檢視整個桶子，或情況本身——然後將分析往上提升，發掘是誰「製造桶子」（影響系統的元素），有深刻的權力來創造、改變和終結影響個人表現的情況。

同等關係並不性感

　　女性運動創造了更多均衡的女性，卻阻礙了兩性關係的運作，因為沒有和男性一起走這一段路。男性的問題大多受到忽視或淡化。這是不對的。男女雙方都需要誠實正視對方如何面對無力感，願意讓對方探索權力的各個角度。

　　美國男性上級長官中，百分之八十八已婚，大部份的妻子待在家裡。女性上級長官則只有百分之七十七已婚。百分之六十男性長官的配偶沒有全職工作，只有百分之十的女性長官的配偶沒有全職工作。男性平均有二・二個孩子，女性平均有一・七個孩子。有些女性長官說「我需要妻子」，但是並不願意讓丈夫待在家裡擔任全職家長、廚師、家庭管理員和孩子的司機。

　　紐約時報（*New York Times*）有一篇文章〈更平等的婚姻擁有

更少的性生活嗎？〉（*Does A More Equal Marriage Mean Less Sex?*），作者是心理學家蘿莉・蓋特里伯（Lori Gottlieb）。她解釋了為什麼雙方平等分擔責任是很實際的做法，卻無法造成更好的性生活。在一項研究中，男人在家裡做了某些「女性」工作，例如洗衣、烹飪或吸塵之後，性慾會較低。他們做了「男性」的工作，例如丟垃圾、修車之後，性慾會較高。照著傳統角色分工會讓人對性生活更感滿意，至少女性如此。

蓋特里伯又說，如果丈夫做百分之四十的家務事，而妻子賺百分之四十的收入的話，離婚率最低。蓋特里伯也指出生物人類學家和人類行為學家海倫・費雪（Helen Fisher）的一項調查。費雪告訴她，女性對性滿足的期待改變非常多。費雪在二〇一三年的調查中問「你會跟各項條件都令你滿意，但是他不吸引你的男人共度一生嗎？」六十歲以上的婦女最不願意。

這篇文章引起很多迴響，例如特雷西・摩爾（Tracy Moore）的回應〈如果平等是最大的浪漫殺手呢？〉（*What If Equality Is the Biggest Bonkerkiller of All?*），但很少人考慮到整個社會。一般而言，女性仍然受到傳統男性的吸引。她們仍然習慣看到男性扮演不同於她們的角色，賦予這些角色性別色彩。當男性視女性為性對象時，女性也將男性視為獲得成功的對象。雖然典範在改變之中，但是需要很長的時間才能改變長期以來的文化認知。看到男性做傳統上不是男性做的事情時，女性的性慾也會消失。沒有人告訴女孩子，長大以後必須賺夠多的錢來養活丈夫和孩子……大家告訴她們，丈夫的薪資會支持她們，以及她們的孩子。所以女性仍然視男性為成功的對象，如果男性做了傳統上的女性活動，就不符合物化的形象。

最終，或許我們追求的是平衡，而不是平等。平衡是什麼樣子呢？我們可能需要拋開比例——六十比四十，五十比五十——開始誠實地思考並發聲，平衡個人優勢弱勢與責任。每個人的平衡都不同，所以，平衡的另一面——在大眾領域——面對別人怎麼做的時候，不會覺得不安全或受到威脅。我們需要將「媽咪戰爭」變成「家庭障礙的戰爭」。對你而言的最佳安排可能對別人無效，反之亦然。這樣做並不政治正確，但如果能讓我們更接近大家都在追求的快樂和意義，又有什麼關係呢？

CHAPTER 15 ｜ 經濟不景氣

申請大筆學生貸款的學生不太會去思考如何改變社會。如果讓人陷在債務中，他們將沒有時間思考。

—— 諾姆・喬姆斯基（Noam Chomsky），
語言學家和社會政策評論家

和嬰兒潮父母的時代比起來，現在一加侖汽油、學費和房屋的價錢對年輕人而言簡直是不成比例的昂貴。從一九九〇年代開始，教育費用比通貨膨脹高了好幾倍，或許並不令人意外地，電腦、電視和玩具價錢反而降低了。無論如何，現在西方國家的生活費用比經濟不景氣之前更高了。很多人只是為了付生活費就負擔了大筆債務。

資產策略專家彼得・布克瓦（Peter Bookvar）說：「雖然工作機會少了，必要的生活費用卻達到新高。」美國人深信自己應該有更多機會超越父母，但是反而面對更大的經濟危機。

一九七〇年，美國新屋要價二萬六千六百美元，家庭收入

中間值是八千七百三十美元。公立四年大學平均一年學費是四百八十美元，私立大學平均是一千九百八十美元。一九七三年，美國大部份高中畢業生或學歷更低（人口的百分之七十二）的人仍然有機會成功，成為中產階級。當時的製造業仍十分蓬勃，只要肯努力，學歷不高並不是問題。接下來的幾十年，邁向中產階級的路變得越來越難以企及了，許多以自給自足為豪的公司開始採取節省成本的做法，尤其是將工作外包給薪資較低，也沒有福利或福利較少的國家。企業重新組織的同時，生活費用持續上升，男性的一般收入中值卻保持不變。

一九七一年，英國平均薪資是二千英鎊，房屋平均價格是五千六百三十二英鎊。在一九七八年的英國，百分之二十六的工作都是製造業、礦業、採石。今天，這些工作只佔了百分之八的工作。與此同時，服務業從百分之六十三上升到百分之八十三。最頂端的百分之一高薪職務原本薪資就很高了，從一九七五年開始增加百分之一百八十九，幾乎是平均全職薪資兩倍。

一九九〇年，美國新房子的平均價格提升到了十四萬九千八百美元，家庭收入中值則是二萬九千九百四十三美元，公立大學一年平均學費是五千六百九十三美元（一九九一至一九九二學年度）。和二十年前與房屋價格比較，學費貴了三、四倍。

接下來的十五年，「好日子」離人民越來越遠了。工作人力增加了百分之七十，只有高中畢業或學歷更低的人佔了百分之四十一的工作人口，比之前的比例為低。也就是說，兩百萬份工作不再僱用沒有高等教育學歷的人。到了今天，已發展國

家的新工作成長大部份都需要至少有一些高等教育。教育程度
較低的人機會不多，尤其是男性。事實上，調整了通貨膨脹之
後，自從一九六九年到現在，沒有高中文憑的男性收入中值降
低了百分之六十六。

從一九六九年到二〇〇九年，高中輟學男性的年收入中
值降低了百分之三十八，高中畢業的男性則降低了百分之
二十六，大學畢業的男性只降低百分之二——要記得，這些數
字只包含就業男性。各種教育程度的平均收入都超過收入中
值，表示薪資增加集中在上層分佈。然而，二〇一〇年新房子
的平均價格為二十七萬二千九百美元，家庭收入中間值是四
萬九千四百四十五美元，公立四年大學一年平均學費為一萬
六千三百八十四美元。現在，孩子上私立小學花的錢比以前上
最高學府的錢還多，例如耶魯、哈佛或史丹佛。開銷比例已經
失控了。

英國狀況與美國類似。一九九八年，英國學校開始
收學費，限定在一千英鎊以下。那時候房子平均要八萬
一千七百七十四英鎊，平均收入則是一萬七千四百一十四英
鎊。到了二〇〇四年，學費最高限制是三千英鎊，但是在過去
十年，這個最高限定提高了三倍，變成九千英鎊了！今天，英
國家庭的房租或房貸平均佔了百分之二十四的可花費收入。
二〇一四年平均收入是二萬六千五百英鎊，房子要價二萬
六千五百英鎊，二〇一三年到二〇一四年學年度的大學平均學
費是八千六百一十英鎊。

美國

一九七○年：學費：家庭年收入的百分之五‧五

房屋：家庭年收入的百分之三百零五

一九九一年：學費：家庭年收入的百分之十九

房屋：家庭年收入的百分之五百

二○一○年：學費：家庭年收入的百分之三十三

房屋：家庭年收入的百分之五百五十二

英國

一九七一年：房屋：年收入的百分之二百八十二

一九九八年：學費：年收入的百分之六

房屋：年收入的百分之四百七十

二○一四年：學費：年收入的百分之三十三

房屋：年收入的百分之一千

結論就是，高中文憑已經無法保證「好日子」了。現在很多人——即使是受過高等教育的人——都沒有成功的希望，就像希臘神話中薛西弗斯（Sisyphus）的勞苦，永遠在推著巨石上山，但是一旦到了山頂，巨石卻又滾下山來。

生活費用不斷升高，個人價值和社會價值不斷降低

在不景氣的年代，每一位女性失業，就有三位男性也失業。生活開銷和晦暗的前景是否讓男性不再視家庭為辛苦工作

的報償，而是負擔，以及現在要更辛苦工作的原因嗎？對許多年輕男性而言，未來非常灰暗，他們會想，要如何才能負擔妻子、孩子、房屋和合理的退休生活？這還是有工作、有福利的人呢。

我們已經無法再相信「一個人的薪水可以提供好日子」的迷思。我們也無法假裝每個人都有機會往上爬。週日泰晤士報（*Sunday Times*）專欄作家費迪南德・蒙特爵士（Sir Ferdinand Mount）在他的書《小心鴻溝：英國的新階級區分》（*Mind the Gap: The New Class Divide in Britain*）中指出：

二十世紀，外國的競爭迫使我們放棄舊有的做法，不再僱用親友，也不再照著年資提拔下屬。為了生存，我們需要獎勵和提升良好的表現。結果就是，新的菁英形成了，下層階級失去了最有才華的成員……現在，人們因為自己的能力被分類，階級之間的鴻溝必然變得更寬……更糟的是，資本主義讓工人更缺乏技術，尤其是最底層的人……資本主義持續簡化人類的工作，發明複雜的機器，以提升效率。所有的計算、度量、估計和組合都由電腦操作，人類只需要按一些按鈕而已。

他解釋道，新的工作本質不需要用很多體力，女性也可以參與之前無法參與的工作了，但是，「也有缺點。體力和耐力曾經是下層階級男性的優勢，現在沒人要了。男性的驕傲和自己有用處的感覺跟著降低。我們很不自在地覺察到，一輩子在鋼鐵工廠，甚至煤礦廠的工作，比一連串暫時在超商將貨物上架的工作更像男人的人生。」

　　複雜的工作被簡化了，這是工資沒有提升的部分原因。心理學家瑪麗・雷根（Mary Ragan）說：「我們這個世代經過了資訊革命，一點也不輸過去的工業革命。」資訊革命讓太多人落後了，完全不知道自己的目標是什麼。我們的問卷中，有一位二十六歲年輕男性說，千禧世代（millennials）[13]，「有更高的失業率，因為……在不穩定的經濟中缺少機會。我們覺得迷失、無助。有很多人在媒體談到各種社會計劃，例如讓老人回到職場，但是很少人，或是完全沒有人，注意到我們這些二、三十歲被拋在後面的年輕人。」

　　蒙特爵士提到一項二〇〇三年的教育報告，說「在英國，學業成功比任何其他國家更為仰賴其社會階級出身」。沒有技術背景的人比擁有專業背景的人更不容易進入高等教育，落差高達五倍。現在，有些學校通過普通中等教育證書（GCSE）的弱勢學生高達百分之六十，有些學校則只有百分之二十，還有改善空間。

　　即使有意願繼續求學、非常用功的年輕男性，學費也會擊垮他們。

---

13 等同 Y 世代，指一九八一至二〇〇〇年出生的人。

男性數學

這個有趣的公式在網路上瘋傳。很悲哀的是,許多年輕男性的看法確實如此。

1 找女人需要金錢和時間,因此:

$$女人＝時間 \times 金錢$$

2 「時間就是金錢」,因此:

$$時間＝金錢$$

3 因此:

女人＝金錢 x 金錢

$$女人＝(金錢)^2$$

4 「金錢是一切問題的根源」

$$金錢＝\sqrt{問題}$$

5 因此:

女人＝$(\sqrt{問題})^2$

甲上

$$女人＝問題$$

很多學生為了沒有價值的學位而負債累累，直到畢業才明白就業現實：沒有真正的工作等著他們，他們的文憑無法保障成功。整個世代的年輕人一直聽到「只要努力，你可以成為任何人」，卻被拋進大量失業的廢棄場，為了生活，只好隨便接受辦公室工作。

壓力可能太大了。日本有一些極端例子，除了草食男以外，還有宅男，總是不離開自己家，事實上，大部份是離不開父母的家。中國也有這種男性，稱為屌絲，也就是「男性的陰毛」。屌絲就是缺乏社交技巧的工人，許多是在科技業裡工作，閒暇時都在打電玩。雖然他們的薪資往往算是中產階級了，但是比起高富帥，還是覺得自己比不上人家，沒有信心未來可以往上爬升。這些自我標籤顯示，許多男性在困難的經濟狀態下感到無力。全球都一樣，一般男性難以成功。

年輕男性缺乏成為家庭支柱的真實責任，必須面對將來會失敗的感覺。如果他們無法成為阿爾法男性（alpha male）[14]，還可以有些什麼新的角色呢？

如果我們不快快思考，運用全國以及個人的辦法解決這個問題，對全球許多年輕男性而言，這將會是一個寂寞無比的世界。

---

14 一群動物之中最佔優勢的那一隻雄性動物。

PART THREE
SOLUTIONS

第三部份 解決辦法

CHAPTER 16 ｜ 政府能做什麼

　　全球都一樣，比起政府，大家還更信任社交媒體。大家對政府的信任已經達到新低。大家越來越倚賴企業和非政府組織發明、連結和採取行動。政府對這些議題或是無能、不願意或太慢採取行動了。政府尚未有效運用網路讓市民參與，例如，在Twitter Gov.uk網站上，只有少於二十五萬的關注者，企業大亨理查‧布蘭森爵士（Sir Richard Branson）擁有幾乎五百萬關注者，微軟（Microsoft）創立者和企業主比爾‧蓋茲（Bill Gates）擁有一千八百萬關注者。在美國，比爾和梅琳達‧蓋茲（Melinda Gates）甚至經由他們的基金會設立教育改革的基金，例如「高中後的成功」（Postsecondary Success），因為政府無法創造正向的結果。

　　以下的建議是針對節省成本、增加社會團結、改善公眾安全與衛生而提出來的，可以經由個人行動與外界機構的支持完成，但是如果經由政策的改變，就會快速多了。我們敦促更多「桶子製造者」參與行動，提升公眾意識，覺察到這些議題並

做出長期解決方案。

支持父親的角色

　　二〇一二年，社會正義中心（Centre for Social Justice）的調查顯示，百分之八十九的人同意——百分之五十二的人強烈同意——「如果要修補破碎的社會，我們應該從家庭和親職開始」。百分之八十一的人認為兒童需要父母雙親，百分之九十五的人認為父親對孩子的健康很重要。需要創造政策，在離婚和監護權爭執中，強調父親有權出現在孩子的生活中，消除錯誤的福利政策，避免讓父母親為福利而分居，提供男性和女性相等的育嬰假，鼓勵家人探視監獄中男囚。這些都是方向正確的做法。

　　贊助全國性的男性輔導系統也會將正面的男性模範帶進孩子的生活中，尤其是現在單親母親越來越多了。此外，我們也需要滿足大量的失業單親母親的需求。智庫「政策交換」（Policy Exchange）提出了失業單親父母報告。馬修・廷斯利（Matthew Tinsley）建議「制定政策的人必需做更多事情，協助失業單親父母找到工作」。雖然「政府應該提供免費育兒……但也應要求大家找工作」。協助降低失業率不但可以鼓勵英國經濟，也可以節省福利經費的支出。

限制使用內分泌干擾素

　　雖然食物標準局（Food Standards Agency, FSA）也同意，內分

泌干擾素對健康的長期影響的證據尚未有結論，標準局仍然表示接觸內分泌干擾素雙酚 A（Bisphenol A, BPA）「並不會造成傷害」。然而，歐洲食品安全局（European Food Safety Authority, EFSA）最近承認雙酚 A 對肝臟、腎臟和乳腺有不良影響，建議每公斤體重的每日食用量不要超過五毫克——以前標準的十分之一！

有越來越多研究顯示這些化學物質具有破壞力（可參考第十章討論），政府卻沒有積極限制使用，真是令人擔憂。別的地方已經採取行動了。例如舊金山最近禁用一次性使用的塑膠小瓶。立法者希望減少塑膠瓶造成的污染，保護公民的健康。我們建議各地通過類似法令。消費者可以閱讀標籤，避免購買含有這些化學物質的商品。

讓更多男性當小學老師

英國學校老師中，少於五分之一是男性。很多人談到改變比例，鼓勵更多女性選擇科學和科技，在政治和企業的高層位置有更多女性。這當然很好，但是也應該有類似的努力，來改變性別不平衡的比例，讓更多男性出現在教育和社會科學的領域裡。過去幾年，在鼓勵男性參加教職上，教育局（Teaching Agency, TA）確實有進展，但是需要更多努力來吸引有資格的男性與女性教師。

讓垃圾食物離開校園

和肥胖有關的疾病，例如心臟病、中風、第二型糖尿病和某些癌症是頭幾名殺手，導致可預防的死亡——尤其是男性，因為這些疾病死亡的人數比女性更多。肥胖的人每年醫療開銷估計比正常體重的人高出很多。很明顯地，童年習慣會成為一輩子的習慣，所以，對抗肥胖的一個明顯方法就是改善學校飲食。

五二一〇計劃是一個很好的模範。這是緬因州（Maine）芭芭拉‧布希兒童醫院（Barbara Bush Children's Hospital）裡，兒童合作社（Kids CO-OP）分支機構「我們走吧！」（Let's Go!）的計劃。五二一〇是全國性的預防肥胖計劃，採取的五、二、一、〇公式十分有效：每天吃五份蔬果，兩小時以下的休閒螢幕時間，一小時以上的肢體活動，完全不喝有糖分的飲料（letsgo.org）。

有些英國學校取消一般的販賣機，置放「綠色販賣機」，裡面都是有機、低糖、不上癮的食物，讓學生吃到較為健康的食物。我們仍然需要大規模的努力，確定孩子做出更健康的選擇。

政府應該規定學校有更多飲水機，支持城市建造從住宅區連到學校的腳踏車道和人行道。讓大家方便選擇健康生活，變得更健康，城市就可以保持低的肥胖率。當明顯的社會常態鼓勵某種特定的行為改變，支持與系統元素也都到位時，大家總能從中獲利。

學校要準備學生面對未來人生

從經濟學的角度看，邏輯很清楚。我們可以提早投資，拉近差距，預防成就的鴻溝，或者我們可以等到差距更大，修復差距的開銷更大時再來修復。無論如何，我們都得花錢。我們需要二者都做。但是這兩個方法有很重要的不同。提早投資讓我們形塑未來，後者則讓我們受困，一再地修補過去錯過的機會。

——詹姆斯・海克曼（James J. Heckman），芝加哥大學（University of Chicago）亨利・舒爾茲（Henry Scholtz）

經濟學榮譽教授，諾貝爾經濟學獎得主

兒童的人生機會受到教育品質的強烈影響⋯⋯OECD國家中，最佳教育系統結合了品質和公平性。在這些教育系統中，大部份學生可以根據自己的能力和動機，而不是社經背景，得到高度技巧和知識⋯⋯投資在教育公平性上的益處比個人和社會的支出更重要⋯⋯尤其如果是早期投資的話。

——經濟合作發展組織

（Organisation for Economic Co-operation and Development, OECD），

教育平等與品質（Equity and Quality in Education）

為了讓學生維持興趣，繼續參與高中和之後的教育，從小學開始，各級學校都需要改善，學生才能不受限於自己的背景，完整的受益於教育與訓練。

OECD認為，學校品質決定於學校教師和行政人員的品質。

巴西、日本和波蘭等國家，學生的國際學生能力評量（PISA，一種國際學力測驗）成績都有進步。這些國家都設定政策，增進教師品質，例如提升教師執照的條件、增加教師薪水以留住高品質的教師並且讓教師的職業顯得有吸引力、提供動機引導好學生進入教學領域、提供動機讓教師參加教師培訓計劃。不過，高薪必須保留給實際進入學校教學的教師，他們的存在和技巧將造成最大的影響。

高中畢業之後的出路可以成為高中是否成功的指標。如果學生畢業的比例變高，並且進一步得到執照或更高的學位，學校或教師應該得到獎勵。這種政策將改變課程內容和教學效能，同時確定高品質的教師得到僱用並長期留任。目前，很少學校基於學生後續發展來獎勵好老師。

同樣的模式應該運用在監獄裡，獄卒應該因為他管理的牢房中囚犯行為良好、不惹麻煩、提早假釋、回到自由世界後保持「無暇」的紀錄而得到獎勵、獎金或額外的假期。

除了混合學校與職場，或是輔導計劃（下一章會討論）之外，政府也可以為高中生設立職業輔導計劃。很多大學有這種計劃，但學生在面對未來之前，對於未來的選擇需要更多資訊。目前，國中和高中輔導老師和學生的比例是一比五百，人手完全不夠對學生造成影響——現在或未來。在這個關鍵期，提供學生更多輔導可以有效協助他們克服未來的障礙，繼續求學，因為他們會比較知道自己有哪些選擇，知道達到目標有何必要步驟。

性教育也需要大幅改革。費城藝術大學（University of the Arts in Philadelphia）人文科學及媒體研究教授卡蜜兒‧帕格莉亞（Camille

Paglia）說，學校的性教育拒絕承認性別差異，因此「背叛了女孩和男孩雙方」。因為女孩可能懷孕，以及無法測知但可能影響未來生育能力的性病，嚴酷的現實就是女孩比男孩更容易從隨便的性關係中受傷。帕格莉亞建議教導男孩「性的基本倫理和道德思考」，教導女孩如何分辨「性的順從」和「受歡迎」之間的差別。

我們同意帕格利亞。我們教導孩子怎麼開車，讓他們成為安全負責的駕駛，卻不教導他們有關性的實用知識。這毫無道理。性知識對孩子的健康和安全同樣重要。

孩子和家長都準備好接受改變了，沒有藉口逃避這個重要議題。推行禁慾的社群也必須改善，可以用合乎現實的角度和年輕人討論不安全性行為的危險和責任，同時強化家長在家中教導的價值觀。

學校需要僱用有執照的衛生教育專家，客觀、不批判地教導以下議題：

- 個人界限、安全性行為、同儕壓力和一般關係議題的溝通
- 如何知道你已經準備好要有性行為了
- 禁慾、避孕、如何用不同的避孕方法
- 預防性侵和虐待的關係
- 婚前應該問清楚的問題
- 如何測知乳癌、卵巢癌和睪丸癌
- 生殖力和老化
- 生殖和懷孕
- 各種性行為可能導致的性病

· 網路性愛與性簡訊的法律和個人議題
· 男女兩性如何度過青春期
· 深度生理學和生物學
· 親密關係的正面角度和健康上的益處
· 關於同性戀關係的資訊，以及同性戀、雙性戀、跨性別
  和非異性戀者（LGBTQ）[15]的議題
· 深入討論媒體、電視和網路色情片中對於親密關系所呈
  現的不實資訊
· 關於親密感和性的基本人生技巧

我們訪談過的英國學生建議了以上的大部份議題。大部份
學生同意，每年都應該有性教育、從更小的年紀開始、持續到
年紀更大的時候。他們覺得，常常在他們開始有性行為、問題
最多的時候，就沒有性教育了。對他們而言，最關鍵的時期是
十四、五歲的時候。他們認為性教育應該更不正式，課堂人數
應該更少，他們會比較容易嚴肅對待討論的議題，更能夠開放
討論。有些人想要男女分班，有些人不要。一個很棒的建議是
平常男女合班，但是在對衛生專家匿名提問的時候男女分班。
英國的「提高認識與預防」（Raising Awareness and Prevention, RAP）
計劃值得留意。RAP提供各種專家講授的演講和工作坊，討論的

---

15 LGBTQ 是女同性戀者（Lesbians）、男同性戀者（Gays）、雙性戀者（Bisexuals）、
跨性別者（Transgender）、與酷兒（Queer）的英文首字母縮略字。「LGBTQ」一
詞十分重視性傾向與性別認同文化多樣性，除了狹義的指同性戀、雙性戀或跨性別族
群，也可廣泛代表所有非異性戀者。另外，也有人將「Q」定義為性別認同感到疑惑的
人（Questioning），亦為「LGBTQ」。

議題包括色情片和媒體如何影響對性的態度以及身體的形象。請參考他們的網站therAPProject.co.uk。

孩子更小的時候，可以設計課程，教導孩子尊重別人的界線，以及同理心，作為完整性教育的前置教育。倫敦密德薩斯大學（Middlesex University）心理學教授梅蘭達‧霍爾瓦斯（Miranda Horvath）建議年輕人在接觸網路色情之前就接受這樣的課程：「如果我們在孩子五、六歲的時候就開始教他們平等和尊重的話，當他們到了青春期，接觸到色情片時，就能夠看出色情片缺乏尊重和情緒了。他們會比較有能力處理看到的資訊。」

政府支持更好的性教育和家庭計劃，還可以節省健康照顧的開銷，降低年輕單親母親過高的失業率。衛生署（Department of Health）表示：「在避孕上每花一英鎊，就可以在健康照顧上節省十一英鎊。」對於青春期即已懷了第一個孩子的單親母親，超過一半的人都沒有工作，或是在尋找工作。如果在二十到二十三歲才懷第一個孩子的話，百分之四十的單親母親失業。如果是過了三十歲才懷第一個孩子的話，只有百分之十九失業。

歷史對於無所事事的人從來不仁慈。如果有預防措施的話，許多災難原本都可以避免。我們認為值得投資和執行這些解決之道，因為會對現在以及未來的世代有正面的長期影響。我們鼓勵個人和機構盡一己之力讓這些建議成真。

CHAPTER 17 | 學校能做什麼

毫無疑問，目前的教育系統並不完整。

成功之路計劃（Pathway to Prosperity Project）警告大家，如果無法成功改革教育系統，「一定會侵蝕社會的脈絡」。前幾章我們提過，現在的青少年和二十多歲的年輕人——尤其是低收入家庭——比十年前更可能無業、缺乏工作經驗。貧富不均的現象正在加劇。如果今天的年輕人不更努力準備自己來面對未來的挑戰，他們的機會將會很少，生活開銷大，社會地位低，他們的敵意只會升高。他們對社會造成的負擔也會增加，最糟糕的是，他們原本可以對社會作出的貢獻將無法實踐。

如果我們要年輕人發展有效技巧，未來可以直接運用在事業上，目前最有效的方法就是創造高品質的職業學校和師徒制的訓練，學生不用全時上學，花一些時間體驗真實的職場環境及問題，並學習解決問題。北歐及中歐很多國家讓十四、五歲以上的學生參與產學合作計劃。結果顯示課堂和地方企業與公司的結合讓學生看到理論背後的「為什麼」——學生因此更主

動參與。產學合作的課堂在學生學習上及職訓上都極為有效。同時，這個安排也讓青春期更容易轉接到成年生活。

教導生活技能

在我們的英國學生問卷調查中，我們問大家：「學校沒有的課程中，你最想要學什麼？」幾乎三分之一青少年不約而同地建議「生活技能」，包括個人金融、如何申請工作、如何進行求職面談、如何處理成人責任、人生轉變（例如親人的死亡）的輔導。幾位學生說，他們覺得很丟臉，自己都這麼大了，甚至還不會做簡單的預算，或是搞清楚銀行中的存款流向。一位學生甚至說：「沒有這門課可能是年輕人無法離開父母家的原因之一。」似乎很有道理，開這門課吧。

將實際生活技能帶進課堂並非癡人說夢。很多教育機構已經在這樣做了，並且很有效。重點是，這些教學可以推廣到全國。世界各地的蒙特梭利（montessori）和華德福（waldorf）學校都創造了令人興奮的學習中心，課程計劃十分完備，適合各種年紀的學生。例如，蒙特梭利學校強調有界限的獨立與自由，尊重每個孩子自然的心理發展，同時也尊重社會的科技發展。請參考蒙特梭利（montessori.edu）和華德福（whywaldorfworks.org）的網站。

有些公立學校在教學法上正在做出革命性的改變。紀錄片《哪裡都到不了的賽跑》（*Race to Nowhere*）裡，奧瑞岡（Oregon）一所高中禁止家庭作業，學生卻學得更多、測驗表現更好。其他學校也開始效法。請參考影片的網站（racetonowhere.com）。

另一個選擇是提供適合特定性別（而不是無視性別差異）的課程選擇和功課——男孩不想跟女孩讀一樣的書。女孩也能夠從男女分班的課程獲益，因為男女分班的課堂上比較不會出現性別有關的自我概念。英國教育心理學期刊（*British Journal of Educational Psychology*）裡的一份研究顯示，物理課如果能夠男女分班的話，女生比較不會認為：「物理是給男生學的」。

全國教育選擇協會（National Association for Choice in Education, NACE）是很棒的資源，可以在他們的網站（4schoolchoice.org）上獲得很多男女分校的資訊。領導潮流計劃（Project Lead the Way, PLTW）也很棒。他們是一個非營利組織，和小學到高中的學校合作。他們讓老師接受專業發展，進行以主題為核心的學習，學生得到科學與科技上的重要知識和技巧，協助他們未來事業成功。請參考他們的網站pltw.org。

學校除了運用真實世界的挑戰之外，教師也可以向電玩工業學習——讓學習過程好玩、有獎賞。

運用新科技進行更具互動的學習

科技充滿動能，兒童很習慣現代資訊的快速傳輸。毫無疑問，我們需要用前所未有的方式刺激現在的學生。哈佛大學教授克里斯・狄德（Chris Dede）說：「設備是催化劑。」許多教師都在教案中運用科技，以強化學習。有些教授利用網路上的平台討論課堂上的議題，或是指定家庭作業（常常要求學生用幻燈片呈現），用課堂時間回答問題和討論。這些策略比傳統或正式的方法更為有效、更能吸引學生參與。

如果你的學校沒有自己的課堂網路設備，就使用已經存在的社交網路，例如專門服務教育者的Ning（ning.com）。可汗學院（Khan Academy）也是一個很棒的網路資源，提供免費教學和課程，任何人想要在某個主題上提升能力，都可以參加（khanacademy.org）。

消除成績灌水的現象

教育家必須處理的另一個議題就是成績灌水的現象。不是每個人都值得甲上的成績。告訴學生他們很「獨特」，往往適得其反，尤其是長期而言。心理學者發現，如果老師一直誇獎表現不佳的學生，想要協助他成績進步，學生的表現最後會更糟，即使他們很有信心，對自己很有把握。學生需要學到如何更有效學習、如何處理拖延的問題、如何有效管理時間、如何和別人一起學習和合作，最後，他們需要看到專注的努力會有報償。邀請激勵人心的演講者，分享他們的故事，更重要的是分享他們完成目標的路途。

學校有很多工作需要做，但若是沒有制定政策的人、行政人員、家長和學生的支持，學校無法完成所有需要做的事情。家長尤其可以盡力支持優良教師，讓孩子有更好的準備，以面對成年生活。接下來就要討論這個了。

CHAPTER **18** | 家長能做什麼

> 培養強壯的孩子比修補破碎的男人更為容易。
> ——弗雷德里克・道格拉斯（Frederick Douglas），
> 美國黑人、社會改革者、廢奴運動領袖

　　如果你不養育你的孩子，誰養育他們呢？最大的改變應該來自家長。家長應該為孩子制定更多界限，提供更多指導。關掉一直存在的數位刺激，打開孩子的創造力。如果你的兒子已經確診過動症或類似問題，服藥之前先看看有什麼別的辦法。試著尋找適合孩子的安排，不要一直要求孩子適應不適合他的安排。考慮讓他晚一年上學，才能愛上學習而不是痛恨學習。送他關於冒險故事的書，或是他有興趣的主題的書，鼓勵他閱讀。做孩子的好榜樣，或是找好的男性榜樣或良師益友。教他覺得像個男子漢的正面方法，但也要幫助發展他身為人的獨特個性。

　　教你的女兒，可以主動約她喜歡的男孩出去，也教你的兒

子，可以接受女孩的約會邀請。一位年輕男人最近告訴我們：
「從女孩那裡就是得不到誠懇的讚美。如果真有這種事情發
生，我會很疑心，認為她或許想從我這裡得到什麼，或是想賣
東西給我。」孩子受到這樣的制約實在是不公平，因為他們未
來可能孤立、挫折、不信任異性。讓女孩直接說出她想要什
麼，會讓她感到有信心。讓男孩覺得如果女孩採取主動也沒關
係，可以讓他感到自在。這樣一來，很容易就可以建立兩性的
信心、溝通與信任。同樣的，鼓勵兒子學會跳舞。這是社交技
能，可能讓他在年輕同儕中更受歡迎，不但好玩，而且可以確
保成年後很有用。

責任和韌性是兒童力量的雙柱

公平很重要，但是不要因為兒子是男生而處罰他。收集
資料、分析並研究聰明的哈佛男生多年之後，喬治·瓦蘭特
（George Vaillant）的結論是：「當你開始理解哀傷、憤怒與喜
悅的時候，如果父母能夠忍耐並且『接受』你的感覺，而不是
將之視為不乖，將會造成極大的差異。」給孩子空間，讓他們
體驗和探索他們的感覺，將成人的干預減至最低。漢娜·羅森
（Hanna Rosin）在《大西洋月刊》（*Atlantic*）雜誌上的文章〈被過
度保護的孩子〉裡寫道，她去了威爾斯（Wales）一個冒險樂園
—「大地樂園」（Land），孩子在舊床墊上跳來跳去、起火、用
棧木蓋堡壘、學習如何和別的孩子一起玩、自行解決彼此之間
的糾紛。有幾位成人在場——受過專業訓練的玩耍管理員——
但是很少干預。他們無須干預。雖然可能有危險，但是除了膝

蓋磨破之外，從來沒有人受傷的紀錄。這裡的成人並不馬虎隨便，他們一直注意著孩子，避免任何嚴重的意外。這裡的孩子很快學到什麼行不通。羅森認為，當家長不再阻止孩子生活的每一個面向時，孩子更容易發展自信、勇氣、想像力和批判性思考。在「大地樂園」的環境裡，孩子自己組織、玩耍，常常需要克服看似危險的挑戰。他們看到自己如此有韌性，而不是脆弱，並且學到如何克服困難的肢體或社交狀況——在整齊安全的遊樂場上，家長在場，不斷干預，反而使孩子無法發覺自己的韌性。

韌性和責任一體兩面。在我們的問卷調查中，五十歲以上的男性認為年輕世代最缺乏、也是最重要的特質就是更大的責任感。一位高齡男性表示家長應該：「教青春期的兒子金融與政治……常常賦予兒子在團體中的重要職務（例如家庭、運動團隊、朋友圈）。例如為某個活動購買必要的設備。教導孩子使用大眾運輸系統，然後讓他們從學校自己搭巴士或火車回家。讓他們負責一些事情。」

同時，當孩子沒有做到自己的責任時，不要給孩子空洞的讚美，也不要只因為孩子出席了就發給孩子「參與獎牌」。成就會讓孩子有動機學習、進步和成功。鼓勵他嘗試新事物，掌握新技巧。如果不管成果好壞就一味地誇讚孩子，他們會比較沒有動機再做。如果孩子做得很好，卻和表現不好的孩子得到同樣的讚美，效果也會一樣——他們變得不信任回饋。孩子需要的是特定的回饋，告訴他哪些地方他做得好、哪些地方可以再進步。他們需要心理學家卡洛‧德瑞克（Carol Dweck）說的「成長型思維模式」（growth mindset），讚美他的努力、鼓勵他

們發展能力,而不是「固定型思維模式」(fixed mindset),告訴他們很有才華、很聰明,因此無須努力。電玩提供孩子特定式的回饋,家長需要也開始提供特定式的回饋。

很多高成就的人,例如前國防部長(Secretary of Defense)羅伯・蓋茲(Robert M. Gates)特別提到這種鼓勵結合了責任制,造就了他的個性:

從小,我的父母常常告訴我,只要我努力,成就無可限量,但是他們也一直提醒我不要以為我比別人優越……少數幾次受到處罰,我相信自己活該,雖然當時覺得自己受到迫害。他們的期待和紀律教了我後果和為自己的行為負責。我的父母養成我的個性,以及我的人生。我記得那天去國會的路上(國防部長上任的那天),我想到他們灌輸我的人類品質,讓我走到了這一天。」

年輕人不但要發現自己的熱情,也要學到出社會之後如何讓熱情發揮作用。

工作呢?

如果你的兒子在唸高中,和他聊一聊工作職場。鼓勵他找個兼差,或在社區當志工,學會負責任,瞭解規則以及工作的責任。和他談他的工作,優點和缺點是什麼。很顯然地,你要他追求他的夢想,但你也要他知道,畢業之後有些什麼機會,他才不會進入一個很脆弱的市場,沒有未來,卻有巨大的

學貸。很多家長沒有協助孩子發展合乎現實的期待或做好準備去面對大學畢業後等著他的社會。世界在改變，以前會建議年輕人唸一般科目，準備唸研究所，但是這個建議已經不合時宜了，因為競爭很強，薪資卻更低了。

如果孩子對科學、科技、工程或數學沒興趣，鼓勵兒子和女兒嘗試職校和職訓。超過四分之一擁有高中後證照（不到專科文憑的程度）的人薪資比一般學士畢業生還高。無論是何方向，年輕人必須善用科技，書寫和溝通技巧也是成功的必要條件。學習基本社會互動技巧，別人才會願意跟他在一起。問他們是否有女性和男性的朋友，鼓勵他和兩性都交朋友。歡迎他們到你家做客。

同時，鼓勵青春期的兒子當保姆[16]或教練，學習如何直接照顧別人。有些運動——例如英式足球——讓青少年幫更小的孩子球賽當裁判，在暑假和週末可以賺到不少錢。

踏出舒適圈，面對禁忌話題

給兒子性教育。無論你是否贊成兒子現在有性行為，你自然希望他成年後和某人擁有健康且不覺得羞恥的性關係。幫他做準備，從一開始就支持對性的健康、無羞恥感、合乎現實的態度。

大部份的人會同意，性是長期重要關係中重要的一部分。

---

16 譯註：美國父母經常僱用鄰居家的大孩子在晚上或週末來家裡照顧自己的小孩，夫妻兩人出去約會，或參加社交活動。

相伴一生，許多伴侶遲早會遇到性的議題，有時會造成伴侶之間的距離。教導年輕人害怕性或不教他們任何資訊都無法幫助他們未來關係的茁壯成長。瓦蘭特經由哈佛大型研究發現：

明顯的性恐懼比婚姻中對性的不滿更能預測不好的心理健康。畢竟，婚姻中的性適應非常倚賴伴侶，但性的恐懼卻與個人對宇宙的不信任緊密相關。在問卷上顯示對害怕性關係或感到不自在的人中，婚姻不幸的男人是婚姻幸福的男人的六倍、離婚男人的兩倍。

讓孩子問你問題、當一個好的傾聽者、保持你的信念不要退縮、承認自己不懂的地方、給孩子無條件的愛。跟孩子解釋同儕壓力、允許和界限、避孕、安全的性行為、性病、色情片和現實的差別，帶他去見信任的人，讓他可以自在的討論親密關係的挑戰和危險（諮商師、性教育專家、治療師等等）。「每個人在做」並不表示性行為是對的。如果有人試圖脅迫或操控他做什麼，或是他覺得不對勁，告訴他如何安全脫離。

但是，解釋界線的正面也同樣重要。強調溝通的角色，協助他開始理解性是愉悅的，是和他的（最終的）伴侶連結。你可以考慮採購一些性教育的書放在家裡，或是時間到了的時候，贈送兒子性教育的書。我們會建議海瑟・可莉娜（Heather Corrina）寫的《性：高中及大學生存性學大全》（*S.E.X. The All-You-Need-To-Know Progressive Sexuality Guide To Get You Through High School and College*），以及凱西・溫克思（Cathy Winks）與安・西門斯（Anne Semans）合寫的《性的良好振動手冊》（*The Good Vibrations Guide to*

Sex）。這些都非常完整，有很多資訊。家庭計劃協會（Family Planning Association）也在網站上提供最新資訊與建議（fpa.org. uk）。

如果你需要改善婚姻中的溝通，請參考約翰・格雷（John Gray）的經典著作《男女大不同》（*Men Are From Mars, Women Are From Venus*）。這是大家公認最好的、最簡單的書了，可以改善你和伴侶的溝通。這本書也適合年紀大一點的青少年閱讀。我們會建議幾本很棒的參考書，約翰・葛特曼（John Gottman）寫的《如何擁有永恆的愛？：如何建立信任、避免背叛》（*What Makes Love Last?: How to Build Trust and Avoid Betrayal*）和《怎樣培養高EQ小孩》（*Raising an Emotionally Intelligent Child*），以及喜法莉・薩貝瑞（Shefali Tsabary）寫的《覺醒父母：找回你和孩子的內在連結》（*The Conscious Parent: Transforming Ourselves, Empowering Our Children*）。如果你和伴侶分居，兩個人一定要分別和孩子花時間好好相處。你可能很不喜歡孩子的另一位父母，但是不要忘了他是孩子的父母，盡量不要在孩子面前說他的壞話。彼此住得近一點，孩子不需要犧牲友誼或活動，才能和另一位父母相處。

父親要以親職為第一優先

父親必須以親職為優先，成為孩子生命中的一部分。永遠不嫌太遲。如果你以前都不在場，一心以事業成功為目標，總是在出差或是沉迷在自己的興趣中，就按下暫停鍵吧。離開舊有的熟悉模式，花一些時間親近孩子。要願意為了自己的缺席表示後悔，讓他知道你會補償你的缺席，努力成為更勤勉的父

親。當孩子的朋友，同時也是動機與界限的資源。問他，這個新的關係要如何開始建立。尋求建議，不要一昧付出。

不要像許多人，即使物質上極為成功，到了老年回頭看才覺得空虛，他們明瞭自己為了成功犧牲太多了——朋友、家庭，甚至樂趣。他們沒有花時間與妻子、孩子相處，現在覺得有罪惡感。兒子比女兒更需要父親多多參與，因為他們不會像女孩那樣擁有許多資源，例如朋友圈和比較擅長表達的母親。

父親、叔叔伯伯和爺爺必須將輔導現代的孩子列為第一優先。如果誠實而開放的以建設性的態度輔導，孩子就會很感激。計劃一下自己要說什麼，甚至和伴侶先練習一下。找個安靜、安全的地方，和孩子輕鬆討論他的生活和你的生活。你應該知道他的野心是什麼——或不是什麼。他關心些什麼，害怕些什麼？他覺得自己的優勢是什麼？什麼地方需要再改善？讓他明白，任何時候都可以跟你談任何事情，尤其是大家通常不會談的事情，例如性或悔恨或他沒把握的未來。

時間管理活動

對所有家長，另一個很實際的建議就是要求孩子花一週時間追蹤自己做了些什麼事情（目前先不要看色情片）。以下是需要記錄的活動：

一、睡眠
二、上學或工作
三、做功課

四、做家務事

五、運動

六、和朋友在一起

七、在戶外的大自然環境中

八、看電視

九、玩電子類器材、發送簡訊、社交網站、電子信件

十、打電玩

　　記錄活動可以開啟關於時間管理的對話，創造平衡的時間運用，達到他們現在以及未來的最佳身心和社交成功。給他們這麼做的動機，例如做他最喜愛的晚餐，吃飯的時候討論記錄結果。我們猜，父母和孩子雙方都會被數據嚇一跳：打電玩和用網路的時間非常多。你可以標出任何與人直接接觸的時間，對照打電玩和看螢幕的時間，讓他知道自己獨處的時間有多長。

　　如果你的兒子花太多時間在玩手機、電腦或遊戲機，減少他能夠使用這些設備的時間，或是讓他賺取使用這些設備的特權。皮尤研究中心（Pew Research Center）進行全國調查，發現百分之七十五的青少年使用簡訊吃到飽的手機費率，只有百分之十三的青少年使用每則簡訊都計費的手機費率。使用吃到飽費率的人平均發出和接收的簡訊是使用有限費率的人的七倍，是每條簡訊都要計費的人的十四倍。考慮一下使用通話和簡訊都有上限的費率。也考慮一下，把孩子的電腦或筆電放在家庭核心地點，不要放在他的臥室。全國睡眠基金會（National Sleep Foundation, NSF）發現，如果家長總是執行規定，限制孩子使用

手機到多晚的話，孩子每晚可以多睡一小時。睡眠基金會也發現，如果父母自己也不將電子設備放在臥房裡，就比較能夠有效執行規定。

對於遊戲機，父母不要移除或強迫孩子完全停止。尼爾斯・克拉克（Neils Clark）說：「如果遊戲是青少年真正能夠覺得有控制、有獎賞、快樂的地方，剝除這一切對他可能過於具有破壞力。」必須先做出計劃，逐漸減少打電玩的時間，同時引進其他有意思的活動。

野心、創新和韌性將帶來財富。為了北美及歐洲的經濟利益和投資，也為了增加社交信任，父母需要灌輸孩子強烈的價值觀和工作倫理。紐約市最近超過了倫敦，成為世界金融中心，但是到了二〇一九年，大家預測世界金融中心會挪到上海。千禧世代的孩子將會成為未來的領導人，但是如果他們過度服藥、肥胖、缺乏韌性、花幾千個小時打電玩、看色情片的話，就不會成為好的領導人。家長需要努力，確定孩子擁有成功所需的自信與勇氣，並且在現實世界懂得和別人合作。

CHAPTER 19 | 男人能做什麼

每個人都必須在兩種痛苦中選擇一個：紀律之痛或懊悔之痛。

——吉姆·羅恩（Jim Rohn），

企業家和勵志演講家

我們可以選擇回到安全地帶或往前迎向成長。成長必須一再一再地選擇，恐懼必須一再一再的克服。

——亞伯拉罕·馬斯洛（Abraham Maslow），

人類心理學家

如果你是年輕人，期待現實生活更有報償、更令人滿意，你就必須自己讓它發生。你埋頭打電玩或等待的時候，事情不會自動發生。你必須踏出去，參與改變。當你忙著低頭看手機或筆電時，你不會看到你想要的改變。你甚至可能開始有了錯誤的信念，誤以為沒有機會與人連結，在世界上除了科技相關產業之外就沒有辦法有所成就了。關掉數位認同，開啟自己。

成為你想與他交朋友、做生意的那種男人。做計劃,一步一步成為那個男人。

學會跳舞、重新發現大自然、交個女性朋友、注意自己的社交行為、確定自己好好地傾聽別人、練習如何開啟對話。練習讓別人覺得自己很特別,給別人真誠的讚美──下一週,每天讚美一個人。找到具有你想要擁有的特質的人,研究他們的生活,找到活著的典範,在現實世界中找到你有動機的事情。變得更會尋找資源,明白你可能需要退後一步,才能往前兩步。

關掉色情片

記得蓋博·狄姆(Gabe Deem)嗎?我們在第十一章提到他,以前色情片上癮的公眾演講家。他建議你問一問自己,現在看的色情片是否代表你真正的慾望。他建議年輕人完全不要看色情片:「它永遠無法滿足你,最後卻會剝奪它給你的承諾,以及感覺愉悅的能力。」你應該想一想。

性學專家和關係治療師薇若妮卡·莫內(Veronica Monet)同意。以她的經驗:「決心『少看一點』只會有暫時的效果,之後一定會無法控制自己的行為,負面效果只會越來越強。」她很有智慧地說,大家應該「小心選擇復原方案」,因為「羞恥感可能加劇上癮模式……許多尋求解救,希望戒癮的人,發現自己只是將上癮者的痛苦換成了羞恥感的痛苦。這種羞恥感是不必要的。色情片本身並沒有任何『不對』……上癮的行為才是(問題)。」

毫無疑問，如果你希望和真正的人建立親密關係，卻發現自己很難被真正的人吸引或達到高潮，你必須停止看色情片。沒有別的辦法。停看的時候，你需要搞清楚你和色情片的關係，才能避免色情片的負面影響。色情片可以是幻想生活的一部份，但不是生活的全部——也希望不是最好的部分。如果你正在這個議題上掙扎，好消息是你的腦子可以痊癒。

網站YourBrainOnPorn.com說，不看色情片之後，腦子會「重新啟動」——你的多巴胺接收器會復原，重新恢復獎勵迴路的正常敏感度，讓腦部的「電路重新連結」——色情片的路徑因為沒有使用而減弱，並且會強化控制執行的路徑。腦部逐漸痊癒時，你會越來越容易被真正的人吸引，你的陰莖也會更敏感。你的多巴胺濃度會復原。請參考yourbrainonporn.com/tools-for-change，尋求支持與資源，協助你改變。我們也會建議你去RebootNation.org或reddit.com/r/NoFap/尋找更多的工具與支持。

對色情片嚴重上癮的人，網路本身就足以讓人淪陷。在這種狀況，參加十二步驟戒癮計劃的人給我們非常正面的回饋。一位正在戒除網路色情片上癮的年輕男性告訴我們：

網路問題無法在網路上解決。試圖在網路上解決你的網路色情片問題，就像酗酒者在酒吧裡開匿名戒酒會議（Alcoholics Anonymous, AA）一樣。他們只需要點一杯酒喝下去，就破功了。你在網站上只需要按四、五個按鍵，就拿到你的毒品了。

我認為，把八爪大章魚般的色情片從腦子後面拔開的第一步就是關機，和別人連結。參加支持團體可以打破一些孤立和羞恥的束縛——這是疾病的一部分。與人分享你最黑暗的、最

骯髒的秘密，發現他們可以理解，並慈悲的接受你。這是能夠改變人生的轉捩點。我們無法隨便跟人說出色情片上癮的個人掙扎，所以需要同儕團體！

　　願意踏出舒適圈，尋求團體協助的人可以找得到各種資源。對於卡在孤立狀態，不知道如何解決自身問題，甚至不知道如何尋求協助的人，支持團體可以是極為珍貴的工具。治療團體提供專業督導的環境，色情片上癮者彼此支持，自我負責，為正在復原的人創造健康的界限。

　　最後（絕對並非最不重要），十二步驟團體讓正在掙扎的色情片上癮者整合自己，成為這個心靈團體的一份子。團體將提供正在復原的人各種工具，保持戒斷，面對上癮的根源：自己的信仰、人格特質、個人歷史的各個面向。並且，你會和一群想要復原的人產生連結，從成員那邊得到豐富的經驗。我經常參加十二步驟會議，同時也看專門治療性上癮和色情片上癮的治療師。第一次晤談，我告訴他：「我的童年滿棒的。我真的不覺得我有任何創傷。」很不幸的，這個錯誤的信念讓我卡在復原的路上很久。事實上，我從來無法戒斷超過一兩個月，直到我開始真正檢視底層的各種議題。參加團體讓我更深入地檢視這些議題，發現上癮不是巧合。我從他們的經驗和智慧中學習。

　　我們必須記得，想要克服過度使用色情片的習慣，沒有快速的治療方法，也沒有魔法──就像毒品、酒精、賭博或食物上癮一樣。

　　除了色情片之外，常常想著性，或者性是你的自我認同的

一大部份，其實是好事情——許多非常成功的人性慾很強——但你需要學習如何將性能量引導到心裡和腦子裡，產生更高的價值，而不只是原始本能。當你將性能量轉化成其他的思緒與行動時，你必須運用意志力，有意識地引導這個能量。

　　一個方法是搞清楚讓自己興奮的刺激物是什麼——例如，列出你覺得有性吸引力的特質——然後找出有這些特質的目標。很可能，最能夠吸引你的目標會和最吸引你的人的特質一樣（例如很有創造力、冒險等等）。關於這個議題，值得深入閱讀很棒的資源：拿破崙·希爾（Napoleon Hill）寫的經典書籍《思考致富》（*Think and Grow Rich*）以及作家史蒂夫·帕夫里納（Steve Pavlina）的個人成長部落格。帕夫里納在他寫的《性能量》（*Sex Energy*）文中建議把性能量當作燃料，達成你的目標。他說，學習什麼讓你興奮，目標會更令人享受，你可以指引自己到達：

　　感到性興奮時，你感到空洞，想要採取某種行動。荷爾蒙控制了你，你變得非常專注，除了你愛的對象之外，無法想到任何事情。真正啟發你的目標驅策著你的時候，感覺就像這樣……追求你的目標就像練習誘惑人的藝術一樣……你可能偶爾遇到一些障礙，讓你想放棄，但是停下來問自己，吸引力是否仍在？暫時忘掉你的路徑，專心想像目標本身。想像你已經到達了。你還是很想很想達到嗎？……記得，設定目標的意義就是讓你的思維和行動朝著新的方向走。如果你沒有被驅策著行動，你會設定很糟糕的目標。

　　結論就是：如果你想要對自己的人生擁有更多控制，就需要更瞭解什麼可以驅策你。如果你平日就是忙著做被動且不能滿足你的事情，猜猜看你會得到什麼？不滿足。

時間之盜—看看你原本可以做些什麼

　　值得考慮一下，一天裡面你花了多少時間做各種活動。如果你覺得不想做這件事，你大概就需要減少打電玩的時間了，尤其如果你是一個人打電玩的話。最容易上癮的人通常有社交或個人障礙，所以開始玩與人互動的遊戲，最好是要在場一起玩的遊戲。

　　考慮將打電玩的部分時間換成現實生活的興趣。下面是一張表格，比較了打電玩的平均時數和完成其他活動的平均時數。

活動的平均時數

男性青少年每年打電玩的平均時數	用羅賽塔軟體（Rosetta Stone）學習新的語言	經常練習彈吉他	球季中玩一種運動	學會跳騷莎舞
676 小時	205 小時	260 小時	32 小時	40 小時

運動

我（菲利普）記得小時候因為生病，身體很虛弱，體能不太好，統合也不太好，運動表現都很差。我決心進入社區的棍球球隊，我用鋸斷的掃把棍子，在校園裡一個人練習好幾個小時，對著牆打一顆粉紅色的橡皮球，直到我能掌握這門藝術。把球打得很遠的祕訣不是肌肉，而是手腕的扭力，在接觸的一剎那正確的猛地使力。過了一段時間，我成為有名的「三條下水道男孩」，意思是我總是可以把球打到三條紐約下水道的距離。幾年後，這還是我最感到驕傲的成就。

很自然地，我的偶像是波士頓紅襪隊（Boston Red Sox）棒球明星泰德・威廉斯（Ted Williams），他的綽號叫做「光榮尖刺」（The Splendid Splinter）。他也是一個高高瘦瘦的傢伙。我打棍球的能力延伸到了壘球和棒球，我成為有名的外野手，能夠將壘球擊過凱莉街（Kelly Street）上那座三百五十呎的高牆。因為擁有這樣的運動能力和一點魅力，我成為球隊隊長，並運用我的權力，建議隊員或許會喜歡和街坊女孩一起溜冰，然後說服附近大男孩的女朋友在社區中心教小一點的男孩跳社交舞，提升他們交女朋友的技巧。認真練球的成功經驗讓我對學校功課變得更認真，後來更影響了我，為比我不幸的人大方付出。我要說的是，練習不但讓你達到完美，還會讓你在任何你覺得重要的活動中變得能幹。

現在也一樣。能夠克服恐懼，在任何方面取得成功的男人都會發現，他們現在可以培養「女性」核心價值了，例如慈悲、脆弱和自省，不需要在其他男人面前證明自己。我們的問

卷中，有一位家長提到她的兒子如何經由跆拳道得到自信：
「他們可以保護自己不被霸凌，因此感到自信。他們每次通過
升級檢定，都可以看到自己的成就。他們有年紀比較大的男性
和女性模範，教導他們紀律和互相尊重。孩子還可以看到這
些模範有時候也會失敗，然後繼續嘗試。這是很棒的人生學
習！」

　　個人運動最能鍛鍊心智、培養意志力，團體運動則最能培
養合作精神和韌性。無論你的技巧如何，都可以找得到年輕男
性或男女兩性的隊伍，願意接受你成為隊友。想要參加或創立
團隊的成人，可以網路搜尋看看自己附近是否已經有隊伍了，
也可以到meetup.com尋找，或是參加健身房，遇到和你有相同興
趣的人。

　　如果運動不是你的強項，有節奏的活動，例如唱歌、舞蹈
或玩樂器，也都是很好的選擇。這些活動提供很棒的社交連結
的環境。你也可以找時間去做按摩，或是去安靜的公園或步道
走走，讓自己的腦子脫離各種分心的事情，從一天到晚不斷的
外在刺激中休息一下。

鋪床：小小的行動導致更大的成就

　　二〇一四年，美國海軍上將（US Navy Admiral）和美國特種
作戰司令官（US Special Operations Commander）威廉・麥克雷文
（William H. McRaven）在德州大學（University of Texas）的畢業典
禮發表致詞，他給應屆畢業生的第一個建議就是鋪床。他說，
鋪床是一個人每天醒來的第一件成就，可以定下基調，完成更

多成就。當一天結束，這個小小的行動可以滾雪球般地變成許多完成的工作。雖然鋪床這件事情很簡單、很平凡，卻重申了「生活中的小事也可以有重大影響」的信念。他說：「如果小事都做不好，你永遠不會把大事做好。」而且，如果這一天過得不順利，回到家，看到鋪得好好的床，將會得到鼓勵，相信明天會更好。

這就是養成好習慣的方法。你越是經常性地把許多小事做好，形成好習慣，生活越容易往正面的方向移動，獲得這些習慣帶給你的益處。

社會心理學家羅伊‧鮑梅斯特（Roy Baumeister）也有類似的建議。多年來，他都在研究自尊心，卻說「很不情願的建議大家忘掉它吧」。他認為「在個人成功上，自我控制比自尊心扮演了更重要的角色」。

我（菲利普）也可以見證自我控制在人生中的影響。我研究時間觀點時發現，如果孩子明白因果關係，明白自己的決定有何代價和益處時，他們在學校就比較會成功，成年後在情緒上、經濟上和健康上也會比較成功。尤其是非常重視未來的孩子，需要完成某個任務時，會非常有責任心，不拖延，會抗拒日常的誘惑。請參考thetimeparadox.com，以了解你自己的時間觀點。

其他應該養成的基本習慣包括營養均衡的飲食，以及充足的睡眠。建立一個讓你邁向成功的日常生活時間表吧。

發掘自己的內在力量

　　一個人的個性可以經由心智與道德態度看得出來。當他感覺自己深刻而強烈的積極活著時，他的內在會有個聲音說：「這才是真正的我！」

　　——威廉・詹姆斯（William James），十九世紀美國心理學家

　　作家和電影製作人茱莉亞・卡麥隆（Julia Cameron）在她的書《創作，是心靈療癒的旅程》（*The Artist's Way*）中建議「早晨書寫」的習慣，一個「顯然沒有意義」的活動：每天早上寫三頁文字，想到什麼寫什麼。做早晨書寫時，沒有所謂的錯誤——唯一的要求就是你每天都寫，而且盡量不要刪除。早晨書寫將協助你不那麼批判自己。你不想寫或是覺得沒什麼好寫的都無所謂，過一陣子之後，你會接觸到無法預期的內在力量：你的真實自我。你會對自己更誠實，不但發現自己是誰，也會發現自己想要成為怎樣的人。瞭解了之後，你會有動機從你現在的狀況變成你希望的狀況。聽起來不合邏輯，但是確實有效。提供空間思考，會讓腦子更有利。這不限於有創意的人。每個人都能從早晨書寫之中獲益，包括律師、政客和企業家。如果你不喜歡用本子，可以嘗試使用penzu.com網站，將你的思緒儲存在網路上。

　　至少，用一個小本子或手機裡的記事本，寫下值得記憶的句子和名言。十七世紀稱記事本為「老生常談」，認為是培育和啟發腦力的重要方式，也是追蹤心智發展的重要工具。這個練習會強迫你慢下來，即便只是一下下，思考一下某個刺激你

的思維，將它融入你自己的想法和靈感。

　　如果你經常做這個有意識的練習，你會長智慧，能夠分辨快樂和意義的差別。從心理學家和集中營倖存者維克托‧弗蘭克爾（Viktor Frankl）的書《活出意義來》（*Man's Search for Meaning*），我們可以知道快樂主要是關於「我」，意義則是關於「我們」。快樂存在於當下，意義則來自過去與未來。快樂的人享受獲得，生活有意義的人則從「為別人付出」中感到滿足。我們可以追求快樂，但若要獲得長期持久的快樂，必需在有意義的活動中，發現自己的優勢和弱勢，建立未來可以達到的目標，體驗與別人建立關係、一起成長的經驗。

和女性交朋友

　　至少和一位年輕女性交朋友，跟她講清楚，只是要當朋友——不多也不少。很多女性跟男性交朋友時，無法完全放鬆，因為總會擔心其中一方會對另一方產生強烈好感，然後就會變得很尷尬，可能會傷害並終結友誼。如果你從一開始就說清楚，放下擔心，就很容易瞭解對方、建立信任。你甚至可以談到，如果有一方真的動感情的話，你會如何處理。你可以說：「可能聽起來很可笑，但是我們的友誼對我意義重大，我希望確定我們可以保持友誼。如果我們之中有一個人動了感情，我們要立刻談一談。」如此一來，你開啟了誠實開放的溝通。一開始就說比較不尷尬，之後再說比較可能因為溝通不良而失去朋友。找那些和你有一兩樣共同興趣或活動的女性。如果你不知道去哪裡尋找，試著用網路俱樂部、平台或團體。

害羞的男性請注意：就像你花時間才學會某個電玩一樣，只要經過指導和練習，最害羞的男人也可以訓練到「有社交能力」。如果對你而言，社交是一項挑戰的話，慢慢來。你要幫自己設定社交目標，逐漸朝向目標前進。可以是很簡單的目標，例如在超市對注意到你的人微笑，然後進展到和人簡短對話。不要太在意社交場合的結果，社交活動意味著另一個人有他自己的思緒和情緒，我們能做的就是允許自己在場，與人對話。請參考shyness.com以及害羞研究學院（Shyness Research Institute）的網站（jus.edu/shyness）。

不要稱女性「賤貨」

女性對男性不滿並想遠離男性，不想交朋友，尤其不想跟他談戀愛的一個原因就是男性稱呼女性為「賤貨」。假設你是異性戀男性，汙辱女性不會讓你得到你真正想要的性關係或戀愛關係。紐約大學（New York University）人類性學教授查娜‧弗蘭葛洛瓦（Zhana Vrangalova）說：「認為所有女性都天生對性有所保留，男性都隨時可以上床的偽科學迷思不但不正確，也很危險，讓人無法接受和刻板印象不同的女性，覺得她需要被糾正或可以虐待她。這個迷思創造了一個文化，有許多伴侶的男性受人羨慕，並有權蔑視同樣有性慾的女性。諷刺的是，男性對擁有開放式性生活的女性的負面態度讓許多女性不肯追求開放的性關係，意味著最想要有開放式性關係的男性會比較無法取得這種關係。」

對許多女性而言，性的羞恥感是一個很大的障礙。男人的

性慾讓人害怕，同時也很吸引人。如果你可以跟女性溝通清楚，她跟你在一起很安全，未來的你仍會像今天這樣尊重她，那麼，她會更願意探索她對你的慾望。如果男性對戀愛關係舉棋不定，就會毀了女性真正信任他的機會。最令人滿意的性關係需要雙方都覺得安全，可以表達自己並實現慾望——以及厭惡。

很多女性願意採取第一步，或是在性上更主動，但是她們會忍住，因為她們不知道對方會有何反應。讓對方知道，你很願意女方採取主動。等到關係開始曖昧時，跟她說：「我很喜歡女性採取第一步。」如果你已經在關係中，告訴她你非常喜歡被她驚喜，或是喜歡她顯示創意、採取主動。

如果你得到混淆的訊息，跟她談談。解釋你的觀察、你的感覺。如果你們無法一起解決問題，換一個你更能夠好好相處的女人。沒有人是完美的，你喜歡的女人或許並不完全知道自己需要什麼、想要什麼，但是應該至少可以感覺到自己要什麼，並且願意思考檢驗自己的期待或幻想和現實的差距，取笑其中的矛盾。強有力的女性不會因為你表達了自己要什麼或你要做什麼而認為你是沙豬。她會夠強壯，能夠說「不」，同時也夠強壯，能夠說「好」。你不用過度分析自己的行為就能夠做自己。

找輔導員，當輔導員

關於兩性關係，你可以從有過類似經驗的老一輩男性那裡得到最好的建議。他們不但能夠在個人決定上提供建議，也能

夠協助你做出聰明的人生和事業選擇。從未擁有過良師益友的
人往往低估了導師的價值。我們比之前更需要男人和男孩可以
齊聚一堂的地方。家族、學校或職場裡，年紀較大的男性應該
成為年輕男性的導師。正如之前說的，父親必須做這件事。讓
「當別人的導師」成為你的一部分。以下是我們建議的、支持
這種環境的組織：

- 男童軍（Boy Scouts，scouts.org.uk）
- 英國機會（Chance UK，chanceuk.org）
- 人類計劃（ManKind Project，mankindproject.org）
- 國際大哥哥大姊姊（Big Brothers Big Sisters International，bbbsi.org）
- 倫敦大哥哥大姊姊（Big Brothers Big Sisters of London and Area，bbbsola.org）
- 男孩到男人輔導網路（Boys to Men Mentoring Network，boystomen.org）
- 《君子雜誌》（*Esquire*）的輔導計劃（Mentoring Initiative，mentoring.esquire.com）

投票

　　想要連任的政客需要討好投票者。我們之前提過，在
一九七五年到一九八〇年之間，大學女生成為多數。自從
一九八〇年開始，女性投票者的比例超過男性。美國最近的總
統大選中，女性比男性多出四百萬到七百萬張票。英國女性比

男性多出百分之七的投票率。因此，如果男性希望決策者更注意男性議題，例如職場安全和父親權利，就需要考慮更積極的參與政治，至少要去投票。如果男性不做這件簡單的事，我們將看到更多的不考慮男性的政策了。

　　無論是個人或團體，想要改善人生的男性擁有各種選擇。但是他們必須採取行動，就像前輩做過的。如果男性想要創造更平衡的人生，就必須重新參與、探索新的社交動力與現實（而不只是數位世界）。

CHAPTER 20 | 女人能做什麼

事實上，現代男孩與年輕男性面對的問題也是女性議題之一。這些男孩是我們的兒子。他們也是我們的女兒共同建造未來的對象。如果我們的男孩有了麻煩，那麼，我們大家就都有了麻煩。

—— 克里斯蒂娜·霍夫·索莫斯（Christina Hoff Sommers）

姐妹、母親與朋友

我們需要硬漢，我們永遠會需要硬漢保護和防衛大家，以及耕作。但是我們需要從小教導他們如何表達感情，以後在關係中才能保持情緒連結。我們需要擁抱、鼓勵身為男性常常需要的力氣和強硬，但也要發展個性深度和情緒洞見，讓他們之後的關係互動更有活力。

最終，女人無法教導男人如何做一個男人，就像男人無法教導女人如何做一個女人，但是可以鼓勵彼此朝著合適的方向

發展。大約八到十二歲時，或是青春期開始之前，男孩開始渴望強壯的男性模範，如果他們還沒有的話。母親如果對這個過程表現出肯定和支持，會讓孩子在看似兩極化的男性與女性之間擁有更好的連結。同時，這樣做也讓母親在孩子心中擁有更多信用，她是這個過程中的正面元素，而不是毀謗者。年輕男性生命中的女性若是尊重他和父親或男性模範之間相處的時間，鼓勵他與其他年輕男性進行適當的活動，發掘自己的男子氣概的話，他將會得到很大的益處。

在男孩理解女性要什麼，以及女性在男性身上要什麼的學習過程中，姐妹也很重要，尤其是年紀相近的姐妹。男孩和姐妹以及她們的朋友互動的方式會大大影響他對女性的看法，以及對他與女性關係的看法，無論是朋友關係或戀愛關係。如果姐妹可以直接但慈愛地對男孩表達自己的看法，將可以改善男孩將來與女性溝通與合作的程度。無論年紀差多少，手足之間都需要找一些好玩的事情一起做，在這些活動中學習如何自在的表達自己的感覺和價值。若要終身都能自在的與異性連結，這將對男女兩性都是豐富的泉源。

玩家與色情片寡婦

總結我們從男性聽到的建議，男女雙方需要好好討論「在電玩和色情片上花太多時間如何影響他們的生活與關係」。要誠實、有耐性、強有力。如果你正在成為電玩或色情片寡婦，讓你的伴侶注意到有些什麼其他選擇，讓他明白如果他的行為不改變，後果將是什麼。你可以提出建議，但是不要以為自己

知道他為什麼花這麼多時間打電玩或看色情片。如果你們之間
有人需要看諮商師或治療師，不要等到關係無法彌補或是你已
經在心裡決定你「受夠了」的時候。兩個人一起接受伴侶諮商
更好。無論你做什麼，不建議你陪他一起打電玩或看色情片。
在某些關係中，伴侶雙方決定一起打電玩或看色情片。但是如
果你的伴侶過度打電玩或看色情片，你跟他一起做這些活動只
是繼續鼓勵他而已。到了最後，如果你的伴侶寧可活在虛擬世
界中，你就需要繼續往前了。

「無條件的性」的影響

> 女人接受什麼貨幣，男人就會攜帶什麼貨幣。
>
> ——我們問卷中的年輕男性

抱怨為什麼好男人這麼少，或是到處亂貼沙豬標籤，並不
會讓大部份女性得到她們想要的關係。當戀愛關係定下來，女
性應該從約會中獲益，就像在股票市場投資一樣：尋找一個
有趣、有能力、看起來其他女性（潛在的投資者）也有高度興
趣的男人。身為關係的「投資者」—— 你的時間、力氣和情
緒——你必須學到如何認出真正的好交易，因為你遇到的大部
份男性都是「玩家」（好的市場策略家）、不肯花時間或空間
建立關係、無法做出決定，或可能在某些方面很合適，但是缺
乏動機和情緒投入。

你在男人身上要尋找的特質（一個好的商業計劃）是：他
是否用他的技巧建立平衡、健康、有意義、雙方都會成長的長

期關係。要問、要考慮的問題是：這個人是否有真正的人際技巧，例如傾聽、同理、溝通和團隊合作的技巧，以解決問題？他是否確實想要建立關係？這個關係長久下來是否雙方都會滿意？你必須早早評估他是願意付出的人，而不是一昧獲取的人。他是否充滿花招，而沒有良好的方法與能力並願意擁有真正的關係？這些都是男性必需帶進關係中的自我建構，這樣，關係才能長久維持。

這些關係技巧無法強求或長期偽裝，所以如果你想改善選擇機會的話，你就需要仔細注意。如果女性愛上了擁有良好市場策略的男性，而不是有真本事的男性，她與他相處的這些年，無法和別人約會，會大幅降低了選擇的機會。無論你希望這個關係能夠維持多久，選擇伴侶都很重要。隨意的短期關係有時可以用來逃避生活重擔，但是會因此而更難找到合適的對象了。

當你去酒吧或夜店和男性說話時，別的男人也在觀察你。如果你的回應是正面的，他們就會複製你正在對話的男人所使用的策略。男人看著女人成為獵物的最大缺點就是，如果男人能夠靠著口舌之利就成功達陣，他就不會費力證明自己了。很會說話的男人很少實際做事，許多男性想學習並運用把妹技巧，找到比較性開放的女性。這個做法對男性有諸多益處：練習成功率較高的技巧、有更多機會與心儀對象發生性關係、大部份男性不需要擔心之後的「麻煩」。

當男人發現，女性其實沒有期待他們付出那麼多力氣、時間或溝通就可以得到性與關係，他們就會據此調整行為──付出更少。純粹以經濟觀點看，任何人都沒有理由投資更多力氣

以獲取他們已經能夠擁有的東西。就像大家不會為五塊美金的東西付七塊美金一樣，男人不會為了可以用百分之五十的力氣得到的女人付出百分之七十的力氣。沒有人會這麼做。這是基本人性，每天都經由消費者、股票交易者和商業交易得到證明：他們在尋找以自己的金錢（努力）得到最好的價值（伴侶）。如果不需要花費和一個好女人開始（並維持）關係所需的百分之七十的力氣，如果只需要百分之五十的力氣就可以得到的話，他就只會付出百分之五十的力氣。一向如此。短期而言，這對男性有利，但後果是他們很少被強迫或挑戰去發展長期關係所需的技巧。

最近發表了一些文章，裡面有不尋常的建議。紐約一位年輕女性的提議總結了數篇文章的重點。她說：「關係隨便也就是『練習達到完美』的另一種做法。」誰會同意呢？任何想要免費性關係的男性都會同意。但是，任何關心關係建構的未來的男性都會跟你說，對於長期關係，以及對他們有益的女性而言，這是最糟糕的方法了。如果你要小狗學會新把戲，你會在做出動作之前或之後給牠獎賞呢？如果男人知道可以無條件地得到無限的性，那他為什麼要定下來？百分之七十和百分之五十……

我們的論點不是方法，而是這個方法給年輕人的訊息：如果這個方法可以送出不同的訊息，那我們也樂見其成。只是要明白，大部份男人都有在注意女人釋放出來的訊息，整體而言就是：「我會積極主動地和男人發生關係，直到你們中的一個人和我定下來。」這個訊息消除了男性用把妹招式可能產生的道德議題。你是女性，你給男性的訊息就是：有源源不絕的、

有吸引力的女性積極的和男人發生關係。只要男人知道他可以獲得新伴侶，他還沒有和任何女性建立更深的關係，他最好就不要定下來。他知道這一點。這樣只會助長了隨意、無條件的性，因為有吸引力的女人並沒有被長期關係定下來。

女性主義帶來的一個現象是女性擁有更大的性自由，也因此帶給男性更大的性自由。男性的動機就是和有吸引力的女性發生性關係。經驗、品質和相容性會決定男性願意花多少時間和某位女性重複他的經驗。

大部份異性戀男性若是擁有一個有愛心的母親，就會至少有一點點慾望想成為丈夫或長期伴侶。雖然男人有比較長的時間尋找長期伴侶，但是超過某個年齡之後，經過幾次約會，一旦相信自己找到了最想要的伴侶，就會不想重新開始找伴。

選擇好男人

二〇一三年，很受歡迎的約會網站OkCupid做了一個APP，幫大家進行盲目約會。開始的那一天，他們暫時移除使用者的照片，稱之為「愛情盲目日」（Love Is Blind Day）。他們追蹤使用者的活動發現，雖然每小時剛開始的新對話減少了，對第一封訊息的回應卻提升了百分之四十四。女性使用盲目約會APP時，比較願意接受邀約。無論對方吸引力的程度，女性一般表示約會很愉快。有趣的是，女性和比較不好看的對象約會，經驗反而比較愉快。相對的，同樣的那些男人在網路上卻無法得標——只有百分之十被評比為「更有吸引力」的女性會回覆訊息，卻有百分之四十五的女性會對比她們更有吸引力的男性做

出回應。

雖然有品質的男人和二流男人的比例失衡，還是有許多有品質的男人被女人忽視了。這些男人比較不搶眼，但是有內容（好的商業計劃）。他們看起來不起眼，但是其實很好。他們不那麼會說話，但是能夠執行任務。他們的行銷策略是被動的。雖然不是每一位女性都想要這種尋找長期伴侶的男人，但是女性仍須考慮到，她們的拒絕將如何影響這些男性對關係的看法。當然，你可以告訴自己，他會復原，會繼續往前過日子。但是他會得到訊息。現實就是，這些男人不會一直保持原狀。有一句話說得好：瘋狂就是反覆地一直做同一件事情，卻期待不同的結果。男人也是人，他會調整自己以達到目的。

為什麼這很重要呢？如果認真對待關係又很努力的男性沒有正增強的動機，女性等於是取消了對這種男人的需求，那麼，這種男人就會越來越少了。除了保持友善之外，女性應該找出方法獎勵男性誠懇的追求，例如協助他發展他缺乏的特質（自信、風格等等）或給他更多關於女性的洞見，讓他成為更好的男人，得到下一個女人。我們建議女性教導男性一些其他的方法來發展並維持關係。如果你有那種隨時可以跟你上床卻不發展伴侶關係的男性朋友，試著和他成為真正的朋友，而不只是和他上床。如果有足夠的、有吸引力的女性用某種方式告訴男人，她們不想和他有長期關係——更重要的是說明為什麼——他就可以調整自己的方法，改變未來得到的回應。

對於有意識的決定追求誠實的兩性關係、願意建立長期關係的男性，他的競爭本質是讓有品質的男女比例得到平衡的重點。但是男性需要知道下一步是什麼。現代女性擁有更高的教

育、專業成就和經濟地位，同樣的，女性對男性的品質要求的
標準也應該提高。然而，女性也必須鼓勵男性做更多事、成就
更高、在學校更努力、花更多時間和真實世界的人相處，而不
是打電玩和看色情片。因此，女性必須願意支持男性並與男性
合作，知道男人負起男人的責任是一件好事情。

CHAPTER 21 | 媒體能做什麼

　　正如我們在第八章提到，相對於和父親一對一、面對面的相處半小時，年輕男性平均花四十四小時在螢幕前面。怪不得我們的問卷問「什麼因素造成年輕人缺乏動機的問題？」時，幾乎三分之二的人說：「關於可以接受的男性行為，從媒體、組織、父母和同儕得到矛盾的訊息」。

　　如果廣告、新聞和娛樂工業願意用更正面的角度描繪男性，那當然很好，但是只要他們從男性無用的角色中繼續賺得到錢，他們就很難脫離刻板印象。改變的壓力需要來自外界，只有大家願意承認性別歧視也影響男性，年輕男性多麼需要媒體中正向、可以尊敬的男性模範時，才會發生。

　　提升公眾意識是一件很微妙的事情，最簡單的就是用男性的角度呈現女性主義者的訊息。例如，如果有針對男性的貝克德檢驗（Bechdel Test）檢視電影裡的男性角色，比如說根據電視影集英雄命名的馬蓋先檢驗（MacGyver Test），電影或電視節目的男性角色必須符合以下條件之一，才算是合格：

- 無須母親不在場才呈現稱職的父親
- 誠實努力的男性，事業成功或身為領導人，而不是個木頭人。
- 男主角成為英雄之前，女主角就對男主角有興趣了。
- 男主角用創意解決問題，為了達成任務，只有在不得已時才使用暴力。

我們猜，合格的名單會很短。男女雙方越能真誠理解對方的處境，就越容易感激和欣賞對方。

另一個方式是將電影和電視節目中的男女對調，然後重新檢視情節。例如，將得到奧斯卡獎的兒童卡通電影《冰雪奇緣》（Frozen）裡無畏的安娜公主（Princess Anna）和粗糙的冰人克里斯多夫（Kristoff）對調。在電影裡，安娜的姊姊愛爾莎（Elsa）無法控制自己有魔法的手不斷產生冰雪，因此放逐自己，遠離城堡。安娜出去尋找姊姊，帶她回家。一開始，口才便給的漢斯王子（Prince Hans）主動協助安娜。安娜立刻愛上了他。但是最後是誰真正幫助她呢？一文不毛的冰人克里斯多夫。安娜決定用克里斯多夫的雪撬和麋鹿完成自己的任務，不管克里斯多夫是否也需要用（她沒問他）。最後，克里斯多夫幾乎被害死，雪撬也毀了，才救了愛爾莎。安娜與克里斯多夫分道揚鑣。直到漢斯王子露出邪惡的本性，雪寶（Olaf）——呆呆的雪人配角——跟安娜說，克里斯多夫會是個好對象，安娜才想到他。

想像一下，電影裡如果有一位王子，認為自己可以隨意利用工作認真的女人，而這位女人僅有的財產就是她的雪撬和麋

鹿，這是她的生活工具。王子拿了她的雪撬和麋鹿去拯救他的兄弟。這位女人毫不猶豫的冒險犯難，幫助他回到自己的生活。政治正確的人們將被克里斯多夫的行為嚇壞了，觀眾將揭竿起義的反抗！我們會說：「為什麼他不能靠自己完成任務？」但是我們看《冰雪奇緣》時可沒有這麼想。我們認為安娜很能臨機應變、很敢冒險。對了，《冰雪奇緣》沒有通過馬蓋先檢驗。

更好的約會網站

關於網路約會，除了文法很爛、訊息缺乏內容之外，女性最大的抱怨就是信箱收到一大堆剪貼拷貝的制式信件，她們對這些人一點興趣也沒有。反過來說，男性對於約會網站的最大抱怨除了約不到人之外，就是他們必須送出許多訊息才能找到一個願意對話的女人。這是不斷磨擦之戰。解決方法是什麼呢？建立一個對女性友善的網站，讓女人挑選。

當然，這個APP的目標是異性戀者。網站可以改變男女接近對方的方式。二〇一四年的尼爾森（Nielsen）調查發現，會使用網站約會的男人是女人的兩倍（百分之十三的男人與百分之七的女人）。但是建立或修改個人資料時，願意求助的男人只有女人的一半。女性花更多時間修改個人資料並非偶然，因為她們是被追的一方。

年輕男性用APP，例如Tinder（運用衛星定位系統，並根據長相配對）的主要原因是因為約會時，雖然被拒絕的機率和其他約會網站相等，但是在時間和金錢上比較不容易吃虧。如果

女性採取主動，男性的拒絕會降到零，他們可能只需要多花點時間修改個人資料，讓自己看起來更稱頭、更有意思。可能有人會說，男人會假造自己的資料，讓自己更有吸引力，但是想騙人的人在任何約會網站都會騙人。建立新結構的重點是讓女人在網路約會上擁有更多控制，而不用被隨意的回應干擾。並且，這將可以讓男人有機會專注於更有意思的討論，因為他們知道對方在某種程度上已經被他吸引了。

大家越來越忙，出去認識異性的時間和耐性都越來越少。女性尤其在尋找約會競技場的未開化中土。大家對網路約會的態度越來越正向，將會需要更多元的方式讓大家聚會，彼此連結。如果女性可以主動聯絡，將可以改變整個約會遊戲。但是大問題是，會有人使用這種網站嗎？女性願意寫第一封訊息，男性願意接收嗎？

另一個點子是延展現有的社交網路。不久的未來，年輕的英國APP設計家、史丹佛校友娜米莎・派莎莎拉西（Namisha Parthasarathy）就要發表一種新的約會APP，稱為「一度」（One Degree）。這個網站會介紹有共同朋友的人認識，建立有意義的連結。她說：「這個概念就是，因為雙方擁有共同的朋友圈，比較不會對彼此不好，而且……朋友是很好的診斷工具。」

色情工業能夠做什麼？

色情片平均有二十分鐘長。如果你擁有色情網站，尤其是免費的網站，請考慮在每部片子前面演出十五秒的廣告，宣傳安全的性行為。而這、只佔了整部片子的百分之一長度。如果

觀眾想跳過廣告，要求他們付費。這些直接觀賞影片的人將為你創造收入。

另一個點子是打破色情工業的壟斷。辛蒂·蓋洛普（Cindy Gallop）創立了「做愛不要色情電視頻道」（MakeLoveNotPorn.tv，MLNP.tv）。辛蒂的哲學就是「贊成性行為。贊成色情片。贊成知道差別在哪裡。」並將她的哲學應用在她的頻道裡。內容都是觀眾提供的，影片必須遵守一套規定，內容都是原創且符合現實的。蓋洛普認為她的頻道和業餘色情片不同。她認為她的頻道反映了真實世界。

問題是我們的社會如何使用「色情片」一詞——往往是指和裸體以及性有關的任何內容。大家用「色情」一詞涵括了一大堆東西，讓我很挫折。就好像用「文學」一詞涵括所有的文學，好像它們都是一樣的。色情的景觀各個不同，有各種類型、亞類型和不同的形式，就像文學的景觀一樣多元。很多東西被歸類為「色情」，嚴格說起來其實不是……語言確實重要。這正是為什麼我們做的事情之一就是（為現實世界的性）創造新的語彙。這就是為什麼我們（現實世界的性）要和一般的色情片（專業製作、表演性質的、特地為了娛樂而產生的片子，也包括所謂的業餘製作）劃清界線。

最佳分辨方式可能是，當觀眾看一般的色情片時，會想要自慰，看MLNP.tv的片子時，會想與人做愛。另一位觀眾寫信說：「我剛剛看到你們的網站，覺得很棒。我是個典型的二十四歲男性，從裝模作樣的女性那裡聽到（看到）一大堆關於性的廢話，同時接觸了一大堆網路色情片。從來看不到中庸的角度：不認為性是壞事或羞恥，但也知道可能的負面後

果。」

色情網站也可以挑戰觀眾，改革色情工業。企業家比爾·蓋茲（Bill Gates）捐出幾百萬美元，挑戰發明家創造大家真正願意使用的保險套。主要色情網站也可以做類似的事情，挑戰使用者，改變大家消費色情網站的方式，讓色情網站更令人滿足、更有療癒效果、甚至具有教育功能。

至少，色情網站應該清楚標出色情片上癮的觀眾可以運用的資源——就像賭場提供資源給賭博上癮的人一樣。

電玩工業可以做什麼？

二〇一二年，認知學研究者達芙妮·巴甫利爾（Daphne Bavelier）在TED演講時表示，電玩設計者需要孕育電玩「有營養」的部分，創造新的遊戲，讓人無法抗拒，但是擁有正面刺激和發展腦部的元素。最大的挑戰將是說服業者冒險，脫離賺錢的既定公式。

電玩公司大賺其錢的方式是保持愛用者人數，同時設計改變越少越好。所以，我們很少看到業者超出運動、暴力和射擊遊戲的範圍。如果遊戲能夠將幻想和現實結合在一起，使用者打電玩的同時也可以改善現實生活的能力或做出超乎個人的貢獻，將會大受歡迎。目前，電玩工業可以做出改變了，他們有工具和能力，可以將遊戲的心態運用在現實世界的問題上，創造真實生活中的英雄。

珍·麥克哥尼葛（Jane McGonigal）在《現實誕生：為何電玩遊戲讓我們更好？遊戲如何改變世界》（*Reality Is Born: Why Games*

Make Us Better and How They Can Change the World）書中討論了群眾外包（crowdsourcing）的力量。她觀察到成功的群眾外包計劃的結構就像多角色電玩遊戲。她舉的例子就是二〇〇九年的國會經費醜聞。當年，英國國會許多議員涉及違法報銷，總額高達數百萬英鎊。這些違法開銷包括三萬二千英鎊（以今天的匯率相當於超過五萬美金）的個人園藝開銷，以及一六百四十五英鎊（幾乎二千六百美金）的「漂浮鴨島」（floating duck island）。

政府公佈了超過一百萬份沒有分類的電子掃描開銷表格。《衛報》（*Guardian*）一直在報導這個醜聞，報館沒有足夠人力整理這些文件，於是僱用了軟體設計師賽門·威利森（Simon Willison）設計一個網站，任何人都可以檢查這些文件，尋找犯罪證據。經過威利森的協助，《衛報》發表了「調查你的議員開銷」（Investigate Your MP's Expenses）網站，世界上第一個大量多人調查媒體計劃。僅僅三天，超過兩萬民眾檢查了十七萬份文件。這個網站擁有驚人的百分之五十六的到訪者參與率。

調查導致幾十位議員下台，法律程序開啟序幕，包括停職和起訴。最後，引起廣泛的政治改革。

就像《湯姆歷險記》裡湯姆·索亞（Tom Sawyer）說服鄰居男孩，幫他把籬笆刷白是一件很好玩的事一樣，如果玩家將百分之一打電玩的時間——總共是每週三千萬小時——貢獻給現實世界，那會是多麼大的力量。就像「調查你的議員開銷」的影響一樣。想像一下，維基百科代表了大約一億小時的人力，理論上，如果玩家投資百分之一的時間在群眾外包上，那麼每年就可以完成十五·六個維基百科規模的計劃。誰會不願意參與呢？

結論

　　我們的生活就像世界一樣，包含了對比、各種不同的色調、甜蜜與困難、尖銳與平板、溫柔與誇躁。如果音樂家只喜歡一種，他會做出怎樣的效果呢？他必須能夠採用並融合它們。我們也必須接受生活中共存的好與壞。我們的存在不可能沒有這些混合，一面並不比另一面對我們更不重要。

　　　　　　　　——米歇爾・德・蒙田（Michel de Montaigne），

　　　　　　　　　　十六世紀法國作家

　　幾個十九世紀的實驗顯示，如果把青蛙放在滾水裡，牠會立刻跳出來。如果放在冷水裡，慢慢加熱，青蛙就不會意識到危險，最後被煮死。我們的未來仰賴今日所做的決定，這本書就是在檢驗環境的「溫度」，觀察這個溫度對個人的影響，以及對未來所代表的意義。

　　如果我們在這本書裡討論的方向持續下去，將來會如何並不清楚，但是如果大家無法有批判性思考、延遲滿足或定義並

獲得有意義的個人和社會目標的話，我們的文化會失去某些重要的東西。我們尤其需要擁抱科技，但是如何擁抱將決定健康或不健康的人際互動。

我們的世界越來越流動，越來越彼此連結，我們不得不思考，二十年後，誰會是改變遊戲與企業的人。我們往前走的時候，應該問的問題是，今日塑造了科技和娛樂的天才們，未來還會是英雄嗎？科技發展會讓我們成為更好的人，世界也更好，或是如同雪莉‧透克（Sherry Turkle）說的，這些東西會「將我們帶到我們不想去的地方」嗎？

我們必須瞭解科技的後果以及潛力，以後的世代使用科技時才有更多的個人責任，公司在製造科技產品時才會更專業、更瞭解。全球對科技的著迷越來嚴重了，我們需要學習如何和科技並存，而不失去我們的自主性和人性。

大部份的人會同意，年輕人的世界缺了什麼，只要觀察數字就知道了，有很多活動年輕人都沒有參與，有許多技巧年輕人沒有俱備，因為他們都待在虛擬世界裡。當一個人把大部份時間花在一件事情上，就可能變得單方向。如果家長願意支持兒子螢幕上癮，年輕人將變成像日本的草食男一樣，孤立自己、不親近世界、沒有人生樂趣。對於經濟狀況比較差的人，我們可能看到更少人拿到文憑、更多孩子沒有父親、更多人失業，就像少數族裔和窮困社區過去幾十年看到的性別失衡一樣。如果持續無法找到工作，低收入男性的人生軌道將更糟糕。他們觸法的機率大增，他們的伴侶極可能成為單身母親。

我們必須創造新的社會期待，對男性、對社會都更具有建設性，才能為年輕人提供真實的希望與啟發。我們不需要完全

摒棄舊的系統。拋棄某些男子漢的概念可能也同時拋棄了男性努力變得更偉大的動力。今天存在的概念來自「做個男子漢」的動力，因此，我們需要重新尋找定義並一起支持。我們要的是更會說話、更會溝通的男性，自信、有安全感、可以自在地表現和接受尊重。我們必須讓男性覺得自己值得愛，而不是可以任意丟棄。

如果我們可以做到這些改變，我們可能看到更少情緒疏離的養家男人，開始看到男人過著和自己、家庭及社區更整合的人生。改善男性狀況，同時不讓其他人（女孩與女人）吃虧的挑戰需要個人及組織的努力。女性的挑戰是獲得足夠的經濟獨立，可以不用妥協自己的價值，以取得經濟安全網。男性的挑戰是了解他的傳統保護者角色如何害他與妻子和孩子疏離。男性必須允許自己及別人更為參與。

進步是一條崎嶇的路。如果我們只注意一面，就無法到達終點——我們會一直繞圈圈。如果女性得到很大的進展，但是就像以前的男性對女性議題沒有同理心，她們現在也對男性議題沒有同理心的話，我們無法稱之為進步。傳統事業之路正在改變，傳統性別角色正在改變，婚姻的觀念也在改變。適應這些改變並不容易。

許多有智慧的男女讓我們到達了今日的位置，我們必須為了他們的努力鼓掌，但我們也必須持續往前進步，在這些基礎上繼續合作。不是要把我們的差異放到一邊，而是認識這些差異，讓我們為了共享的未來好好運用每個人的優勢。讓事情更好的唯一方法就是我們願意看到兩邊，主動積極地對每個有需要的人提供支持，願意為兩性培育均衡的角色。

　　我們希望我們已經指出許多年輕男性在學業、社交和性上的困境為何發生，也指出了如何提供解決之道，引導他們到達更好的地方。雖然問題十分普遍，卻可以解決或改善，只要個人和組織願意改變遊戲規則。最後，雖然我們描述的問題已經是全球性的問題，我們仍然保持樂觀，認為可以解決。我們之後寫的續集只會是宣布警報已經解除了！

附錄一 ｜ **TED問卷結果**

調查年度：2011

總參與人數：兩萬

性別：75.7%男性，23.9%女性，0.4%其他或不願註明

年紀：

0.1%　　〇到十二歲

4.3%　　十三到十七歲

35.5%　　十八到二十五歲

28.7%　　二十六到三十四歲

20.4%　　三十五到五十歲

10.9%　　五十一歲以上

所有的問題，參與者都可以複選答案，所以加總起來會超
過100%。

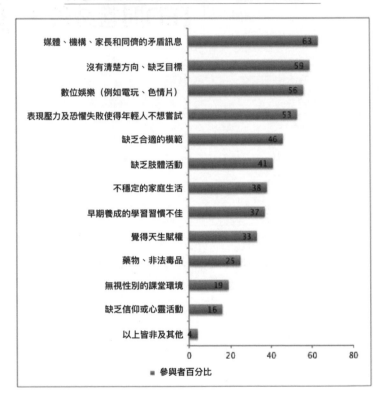

什麼元素造成年輕男性的動力問題？

項目	百分比
媒體、機構、家長和同儕的矛盾訊息	63
沒有清楚方向、缺乏目標	59
數位娛樂（例如電玩、色情片）	56
表現壓力及恐懼失敗使得年輕人不想嘗試	53
缺乏合適的模範	46
缺乏肢體活動	41
不穩定的家庭生活	38
早期養成的學習習慣不佳	37
覺得天生賦權	33
藥物、非法毒品	25
無視性別的課堂環境	19
缺乏信仰或心靈活動	16
以上皆非及其他	4

■ 參與者百分比

調查亮點

＊64%十二歲以下的男孩選擇「表現壓力與恐懼失敗使得年輕人一開始就不想嘗試。

＊62%十三歲到十七歲的年輕男性選擇「數位娛樂（電玩、色情片）。

＊66%十八歲到二十五歲的年輕男性以及63%二十六歲到三十四歲的男性選擇「沒有清楚方向，缺乏目標」。

你會如何改變學校環境，讓男性更參與？

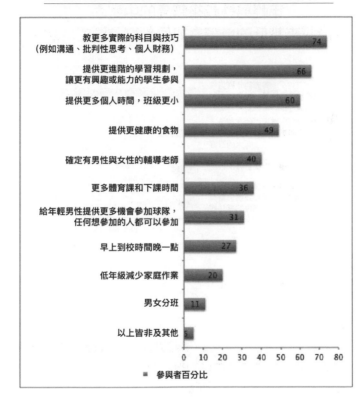

調查亮點

*64%十二歲以下的男孩選擇「確定有男性與女性的輔導老師」。

*73%十三歲到十七歲的年輕男性選擇「提供更進階的學習規劃，讓更有興趣或能力的學生參與」。

*75%十八歲到三十四歲的男性選擇「教更多實際的科目與技巧」。

年輕男性越來越高的中輟率
以及越來越低的成績會如何影響美國的成功？

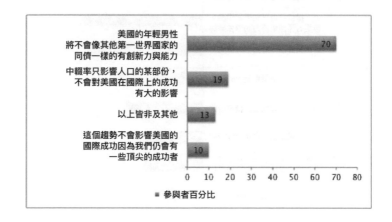

調查亮點

以下的人選擇了「美國的年輕男性將不會像其他第一世界
國家的同儕一樣的有創新力與能力」：

＊65%十三歲到十七歲的年輕男性。

＊66%十八歲到二十五歲的年輕男性。

＊75%二十六歲到三十四歲的男性。

＊74%三十五歲以上的參與者。

我們要如何以安全、
社會化的方式賦權年輕男性？

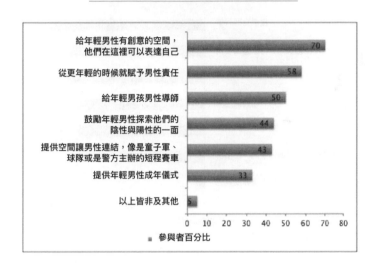

給年輕男性有創意的空間，
他們在這裡可以表達自己　　70

從更年輕的時候就賦予男性責任　58

給年輕男孩男性導師　50

鼓勵年輕男性探索他們的
陰性與陽性的一面　44

提供空間讓男性連結，像是童子軍、
球隊或是警方主辦的短程賽車　43

提供年輕男性成年儀式　33

以上皆非及其他　5

0　10　20　30　40　50　60　70　80

■ 參與者百分比

調查亮點

以下的人選擇「給年輕男性有創意的空間，他們在這裡可
以表達自己」：

＊89%十二歲以下的男孩。

＊72%十三歲到十七歲的年輕男性。

＊74%十八歲到二十五歲的年輕男性。

＊68%二十六歲到三十四歲的男性。

為什麼年輕男性那麼喜歡電玩與色情片？

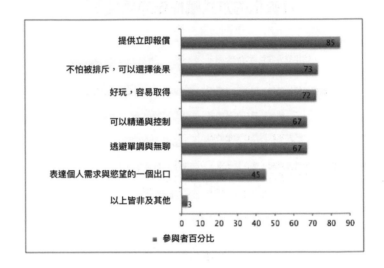

調查亮點

＊87%十二歲以下的男孩選擇「可以精通與控制」。

＊84%十三歲到十七歲的年輕男性選擇「好玩，容易取得」。

＊85%十八歲到二十五歲的年輕男性以及84%二十六歲到三十四歲的男性選擇「提供立即報價」。

年輕男性如何在電玩中獲益？

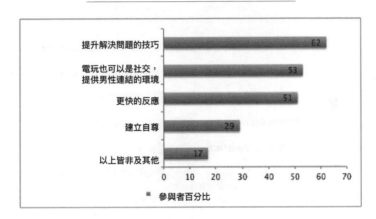

調查亮點

＊63%十三歲到十七歲的年輕男性選擇「電玩也可以是社
交，提供男性連結的環境」。

＊67%十八歲到二十五歲的年輕男性以及69%二十六歲到
三十四歲的男性選擇「提升解決問題的技巧」。

年輕男性如何因為看色情片獲益？

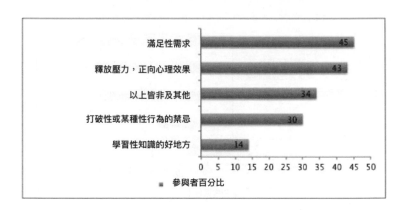

調查亮點

＊58%十三歲到十七歲的年輕男性以及60%十八歲到二十五歲的年輕男性選擇「釋放壓力，正向心理效果」。

＊51%二十六歲到三十四歲的男性選擇「滿足性需求」。

＊51%三十五歲以上的參與者不同意以上所有項目，往往自己寫出「認為毫無助益」，選擇「以上皆非及其他」。

你認為過度使用[17]電玩和色情片
和以下這些愛情關係現象有很強的關聯嗎？

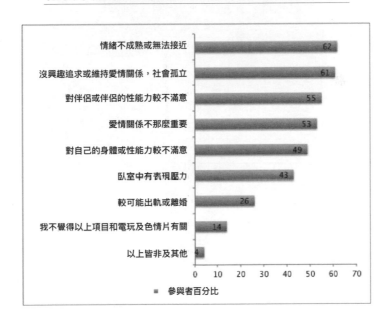

情緒不成熟或無法接近　62
沒興趣追求或維持愛情關係，社會孤立　61
對伴侶或伴侶的性能力較不滿意　55
愛情關係不那麼重要　53
對自己的身體或性能力較不滿意　49
臥室中有表現壓力　43
較可能出軌或離婚　26
我不覺得以上項目和電玩及色情片有關　14
以上皆非及其他　4

0　10　20　30　40　50　60　70

■ 參與者百分比

調查亮點

＊76%十八歲到二十五歲的年輕女性以及78%二十六歲到
三十四歲的女性選擇「情緒不成熟或無法接近」。

＊57%十三歲到十七歲的年輕男性，59%十八歲到二十五歲的
年輕男性以及58%二十六歲到三十四歲的男性選擇「沒興
趣追求或維持愛情關係，社會孤立」。

17　每天兩小時以上，後來定義改為每週四小時以上的電玩或者每週兩小時以上的色情片。

附錄二 | 社交強度徵狀—— 衡量與元素

　　菲利普和莎拉‧布朗史基爾（Sarah Brunskill）發展出一種衡量，可以測出社交強度徵狀的各個方面。我們的調查對象是美國軍人，有些在役，有些已經除役，之前曾經或不曾駐紮外國。研究顯示，受到SIS影響的六大元素是：軍隊朋友、家庭、性別的社交偏愛、社交連結、懷舊與磕藥。這些元素和每個元素的重要統計都列出來了。首先，我們要解釋一下分析用的各種詞彙：

　　特徵值（Eigenvalue）：矩陣往往用多變分析來對角化。在過程中，我們用特徵值來鞏固變異數。做元素分析時，特徵值用來濃縮相關矩陣裡的變異數。「擁有最大特徵值的元素會有最多變異數，如此遞減，一直到小的或負的特徵值的元素，往往就刪除了。」（Tabachnick & Fidell, 1996, p.646）從分析的角度看，傳統上，特徵值是一‧○○或更大的變數才值得分析。

克隆巴赫系數（Cronbach's alpha）：內在一致性的系數。通常用來估計測試或衡量調查的可靠性。一般而言，當測試項目之間的交互相關增加時，克隆巴赫系數就會增加，因此成為測試結果內在一致性是否可靠的估計。

平均值（mean）：在算術裡，平均值和中間值有時會是同義詞，指的是一串數字的中心價值：價值的總和除以有幾個價值。一串數字x1, x2, …xn的平均值等於M=或X。

變異數（variance）：變異數是誤差值開平方的期待價值與平均值的差。這個數字可以測量一串數字分佈得有多廣。變異數為零意味著所有的價值相同。變異數永遠都不會是負數：小的變異數表示數據點和平均值（期待的價值）很接近，因此彼此相近，高的變異數代表數據點分佈很廣，和平均值以及彼此距離遠。相等的度量是變異數開根號，稱為標準差。標準差和數據有一樣的次元，因此可以當作平均值的誤差。

標準差（standard deviation, SD）：測量和平均值相比的變異或散佈。低的標準差表示數據點很接近平均值（也稱為期待值）；高的標準差表示數據點散佈廣闊。

因素負荷量（factor loading）：視問卷中有多少單獨的項目或問題聚集在一起而定義。負荷量表示每個變異和每個元素的相關程度。

社交強度徵狀—元素

軍隊朋友：這個元素有十六個項目，描述了美國軍人之間無法取代的連結（特徵值＝9.04，變異數15.58%，M＝3.32，

SD=0.95）例子：「我寧可花時間和軍人朋友相處，也不想跟非軍人朋友相處。」、「跟軍人朋友在一起的時候，我可以做自己。」、「我喜歡待在有在職會退伍軍人出沒的地方。」平均因素負荷量是〇・六九（系數＝0.95）。

家庭：這個元素有十一個項目，反映了對家庭的負面傾向（特徵值＝6.65，變異數11・47%，M=2.23，SD=1.03）例子：「我跟配偶在一起的時候覺得沮喪。」、「我跟家庭在一起的時候覺得無聊。」、「相較於我的配偶，我比較容易信任軍人朋友。」平均因素負荷量是〇・六九（系數＝0.92）。

性別的社交偏愛：這個因素有七個項目，顯示男性明顯偏愛純男性的聚會，而不想跟女性聚會。（特徵值＝5.12，變異數8.82%，M=2.69，SD=1.10）例子：「女人就是不懂如何找樂子，不像男人。」、「我跟女性朋友在一起比跟男性朋友在一起更覺得不自在。」、「如果有女性在場，就不那麼好玩。」平均因素負荷量是〇・七七（系數＝0.92）。

社交連結：這個元素有十一個項目，主要是對於社交連結和與人相處的一般需求（特徵值＝5.05，變異數8.74%，M=2.68，SD=0.81）。例子：「我常常需要跟人在一起。」、「我覺得強烈需要跟朋友在一起。」、「我寧可跟一群人混，不想只跟一個人在一起。」平均因素負荷量是〇・六六（系數＝0.87）。

懷舊：這個元素有九個項目，反映了一個人對軍旅生活的正面回憶和懷舊（特徵值＝4.96，變異數8.55%，M=3.63，SD=1.01）。例子：「我常常想重新入伍。」、「我對軍旅朋友的正面回憶比負面回憶多。」、「我想念那種興奮感，我想重新入伍。」平均因素負荷量是〇・六九（系數＝0.89）。

　　嗑藥：這個元素有四個項目，主要是娛樂性的藥品濫用（特徵值＝3.11，變異數5.36%，M=1.34，SD=0.79）例子：「我喜歡嗑藥（大麻、古柯鹼、快克古柯鹼、快速丸等等）」、「我常常嗑藥。」平均因素負荷量是〇‧八五（系數＝0.88）。

謝詞

特別感謝以下人士及曾參與我門調查研究的受訪者：
TED Inc., Jeremy Bailenson, Roy Baumeister, Charlie Borden of MirrorMan Films, Bernardo Carducci, Geoffrey Cohen, Nick Cohen, Phil Davies, Gabe Deem, Larry F. Dillard Jr., Andrew Doan,Warren Farrell, Robert M. Gates, Cindy Gallop, Celeste Hirschman, Miranda Horvath, Ariel Levy, Jane McGonigal, Tucker Max, Ogi Ogas and Sai Gaddam, Namisha Parthasarathy, Steve Pavlina, Jeff Perera, Robert M. Putnam, Keeley Rankin, Katie Salen, Leonard Sax, P.W. Singer, Joel Stein, Sherry Turkle, Zhana Vrangalova, Mark D. White, Gary and Marnia Wilson（creators of YourBrainOnPorn.com）, Paul Zak.

　　作者和出版公司也感謝以下授權同意我們使用其文章內容的人士和單位，Basic Books, a member of The Perseus Books Group, for quotations from Boys Adrift: The Five Factors Driving the Growing Epidemic of Unmotivated Boys and Underachieving Young Men. Copyright © 2009 by Leonard Sax; The Belknap Press of Harvard University Press for material from Triumphs of Experience: The Men of the Harvard Grant Study. Copyright © 2012 by George

異言堂 020

當男人不MAN了！消失在科技時代的男子氣概

作　　者──菲利普・津巴多(Philip Zimbardo) 妮基塔・庫隆布(Nikita D. Coulombe)

譯　　者──丁凡

主　　編──湯宗勳

特約編輯──果明珠

美術設計──陳恩安

行銷企劃──李昀修

董 事 長──趙政岷

總 經 理──

總　　編──曾文娟

出 版 者──時報文化出版企業股份有限公司

10803台北市和平西路三段二四○號七樓

發行專線──(〇二)二三〇六──六八四二

讀者服務專線──〇八〇〇──二三一──七〇五

(〇二)二三〇四──七一〇三

讀者服務傳真──(〇二)二三〇四──六八五八

郵撥──一九三四四七二四時報文化出版公司

信箱──台北郵政七九~九九信箱

時報悅讀網──http://www.readingtimes.com.tw

電子郵件信箱──history@readingtimes.com.tw

法律顧問──理律法律事務所　陳長文律師、李念祖律師

印　　刷──勁達印刷有限公司

初版一刷──二〇一六年十二月二日

定　　價──新台幣三八〇元

(缺頁或破損的書，請寄回更換)

時報文化出版公司成立於一九七五年，
並於一九九九年股票上櫃公開發行，於二〇〇八年脫離中時集團非屬旺中，
以「尊重智慧與創意的文化事業」為信念。

國家圖書館出版品預行編目資料

當男人不MAN了! 消失在科技時代的男子氣概
菲利普・津巴多(Philip Zimbardo) & 妮基塔・庫隆布(Nikita D.
Coulombe)作一一版. ─
北市:時報文化, 2016.12　面; 公分.-- (異言堂; 020)
譯自: Man (Dis)Connected: How Technology Has Sabotaged What
it Means to be Male

ISBN 978-957-13-6818-4(平裝)

1. 男性氣概 2.成人心理學 3.男性

173.32　　　　　　　　　　　　　　　　　　　　105019692

MAN (DIS)CONNECTED: HOW TECHNOLOGY HAS SABOTAGED
WHAT IT MEANS TO BE MALE
by Philip Zimbardo and Nikita D. Coulombe
Copyright (C) Philip Zimbardo and Nikita D. Coulombe, 2015
This edition arranged with Ebury Publishing through Big Apple Agency, Inc., Labuan, Malaysia.
Complex Chinese translation copyright : 2016 by China Times Publishing Company
All rights reserved
ISBN: 978-957-13-6818-4
Printed in Taiwan